KB201118

돈 걱정 없는 인생

돈 걱정 없는 인생

지은이	조성표, 백정선
펴낸이	김혜정
기획위원	김건주
교정교열	정인숙
본문 일러스트	강창욱
디자인	한영애
마케팅	윤여근, 정은희
출간일	1쇄 인쇄 2023년 10월 10일
	1쇄 발행 2023년 10월 21일
펴낸곳	도서출판 CUP
출판신고	제2017-000056호(2001.06.21.)
주소	(04549) 서울특별시 중구 을지로 148, 8층 803호(을지로3가, 드림오피스타운)
전화	(02) 745-7231
팩스	(02) 6455-3114
이메일	cupmanse@gmail.com
블로그	www.cupbooks.com
페이스북	facebook.com/cupbooks
인스타그램	instagram.com/cupmanse

ISBN 979-11-90564-59-5 03230 Printed in Korea

* 파손된 책은 구입하신 서점에서 교환해 드리며 책값은 뒤표지에 있습니다.

돈 걱정 없는 인생

조성표 · 백정선 지음

회계학 교수와
투자 전문가가 전하는
슬기로운 평생 재무 계획

Lifetime Financial Planning

돈의 매임에서 벗어난 진정한 자유로움을!

돈은 우리 삶에서 매우 중요하며 우리를 행복하게 하는 요소 중 하나다. 그렇기에 많은 사람들이 돈을 벌고 싶어 한다.

돈을 벌기 원하는 것, 그 자체는 문제가 되지 않는다. 돈이 인생의 목표가 되는 것이 문제다. 돈을 벌기 위해 모든 것을 바치다가 많은 근심에 빠지는 사람들을 자주 보았다. 이런 분들은 돈을 벌든 벌지 못하든 그 끝은 실망과 좌절이다.

우리 사회가 갈수록 돈에 대한 집착이 강해지면서 많은 문제가 발생하고 있어 매우 안타깝다. 이제 돈에 매이지 않으면서 돈을 체계적으로 관리하는 지혜가 필요하다. 그러기 위해서는 돈의 본질을 잘 이해하여 그 긍정적인 역할과 부작용을 분명히 알고 사용해야 한다.

이 책은 성경이 말씀하시는 돈의 본질을 고찰하고, 우리 사회에 나타나고 있는 돈의 부작용을 분석한다. 아울러 돈의 역할과 돈을 잘 활용할 경우 얻게 되는 영적 풍성함, 더 나아가 소비와 투자에 대한 구체적인 지침까지 제시한다.

　조성표 교수는 나의 사랑하는 제자이면서, 동시에 주 안에서 매우 자랑스러운 형제이기도 하다. 그는 회계학을 전공하면서 돈에 관하여 학문적인 연구뿐만 아니라, 일상적인 재정 관리도 공부하여 많은 사람들과 나누어 왔다. 조 교수처럼 이렇게 돈에 관해 성경에서 말하는 재물관을 연구하고 원리를 가르치는 그리스도인 학자는 매우 드물다.

　돈은 우리 삶에서 중요하지만 매우 위험한 요소이기에 가장 주의 깊게 관리해야 할 영역이다. 아무쪼록 많은 그리스도인들이 책을 읽고 돈의 매임에서 벗어나 자유로움을 누릴 수 있기를 바라며 적극적으로 추천한다.

행복한 부자가 되는 길

　동양의 선조들은 도道를 닦았다. 그 속에 사람답게 사는 길이 있다고 생각했다. 서양의 선조들은 철학哲學을 하였다. 철학의 궁극적인 관심은 진리이고 진리는 삶의 이치와 식을 의미한다. 그런 면에서 진리는 동양의 선조들이 추구하던 도와 같은 개념이라 할 수 있다. 길을 알면 갈 수 있고, 식을 알면 어떤 문제도 풀 수 있다.

　예수님은 당신이 길이요 진리요 생명이라고 말씀하셨다(요 14:6). 예수님을 믿는다는 것은 예수님이 우리 모든 삶의 길과 진리 되심을 믿고, 매사를 그 길과 그 방식式대로 사는 것이다. 예수를 믿음에 있어 기독 신앙을 바탕으로 하는 기독교 철학과 가치관을 가지고 살아가는 것이 중요하다.

　한국은 그동안 나름대로 예수를 열심히 믿는 나라가 되었다. 교회에 다니고 봉사하는 것도 열심이다. 그러나 기독교 철학과 가치관을 가지고 실제로 살아가는 일에는 그렇지 못하다. 예수를 믿는다고 하면서도 삶은 세상적인 경우가 많다. 신앙적으로 산다고 하면서 불교적인 가치관이나 유교적인 철학을 기독교적인 것으로 오해하거나 착각하며 사는 이들도 많은 것 같다.

사람들이 하나님 다음으로, 아니 어쩌면 하나님보다 더 좋아하는 것이 있다면 그것은 돈이다. 돈만큼 사람들이 좋아하고, 생명을 걸 만큼 중요하게 생각하는 것이 세상에 또 있을까? 하지만 성경은 축복의 하나로 부자가 되게도 해 주시지만, 돈을 사랑하는 것이 일만 악의 뿌리라며 경계한다. 그러니 돈에 대한 바른 가치관과 철학을 갖는 것이 무엇보다 중요하다. 또한 많은 사람들이 그냥 돈을 좇아 살다 보니 부자가 되더라도 정말 행복하게 잘 살지 못하는 경우가 얼마나 많은지 모른다.

그런 측면에서 이 책은 돈의 긍정적인 면과 부정적인 면을 기독교적인 관점에서 균형 있게 잘 정리해 주었다. 그저 한 번 읽는 데 그치지 말고 열심히 공부하고 실천해 보시기를 권해 드리고 싶다. 그리하여 돈에 대하여 바른 신앙적인 철학을 가지고 예수 믿는 사람답게 잘 살 수 있기를 바란다.

김영익 | 서강대학교 경제대학원 교수

회계학 교수와 자산관리 전문가의 남다른 혜안

회계학 교수님과 자산관리 전문가가 만나서 '그리스도인의 돈 관리'에 관한 책을 썼다. 나 또한 경제와 투자에 대한 여러 가지 분석 자료로 사람들에게 자산관리에 대한 관점을 제공하고 있기에 이 책이 더욱 관심있게 다가왔다.

기독교적 세계관을 가진 사람들이 어떻게 지혜롭게 돈을 관리하고, 투자를 어떻게 해야 하는지에 대해 썼다는 점이 특별하다. 특히 돈과 관련한 성경적인 원칙과 방법들을 제공함과 동시에 투자에 있어서 투기가 아닌 건강한 투자를 할 수 있는 방법을 제시한 것은 너무나 공감되는 부분이다.

평소 잘 알고 지내던 백정선 대표가 경북대 회계학과 조성표 교수님을 만나 그리스도인의 돈 관리에 대한 책을 낸다는 반가운 소식에 흔쾌히 추천사를 쓴다. 그동안 경제 방송에서도 자주 전문가로서의 견해를 펼쳐 왔던 백 대표와 회계학을 가르치는 교수님의 남다른 혜안이 그리스도인은 물론이고 일반인들에게도 재정관리에 대한 지혜를 제공할 것이라 생각한다.

이 책에서 언급한 일반적인 돈 관리로부터 연령대별 자산관리방안, 그리고 투자에 대한 구체적인 실천 방안들은 돈에 눈뜨기 시작하는 사회 초년생부터 은퇴 이후의 삶을 고민하는 분들에게 최고의 지침서가 될 것이라 믿어 의심치 않는다.

방선기 | 일터개발원 원장, 전 직장사역연구소 소장 및 이랜드 사목

경건하면서도 현실적인 재물관

그리스도인들이 돈과 관련해서 주장하는 것을 들어 보면 이 상하게 한쪽으로 치우치는 것을 본다. 부자가 되는 것은 하나님 의 복을 받았기 때문이라는 주장이 있는가 하면, 정말 신앙이 있 는 사람이라면 부자로 살 수 없다는 주장도 있다. 이 책은 이런 양극단으로 대표되는 기독교 재물관에 관하여 균형 잡힌 대안을 제시한다.

그 가르침은 성경 말씀에 근거하면서도 현재 우리의 현실에 잘 적용하도록 다듬어져 있다. 경건하면서도 현실적인 저자들의 재물관은 돈 문제로 고민하는 신앙인들에게 아주 유용한 지침이 될 것이다. 이 책을 읽고 실천한다면 돈 문제에 신실한 그리스도 인으로 살아갈 수 있을 것이다.

하나님의 비밀을 전하는 돈 전문가

20세기와 21세기를 살아가는 사람들이 습득해야 할 지식 중에 꼭 필요한 두 가지가 실존주의와 자본주의에 대한 기본 개념이다.

20세기에 인간 사고의 근간을 이루는 철학은 실존주의였다. 이는 하나님 중심에서 인간 중심의 삶으로 전화轉化시킨 패러다임이다. 이로부터 포스트모더니즘이 탄생하였고, 그 결과 21세기는 인간 감성을 중시하는 사조로 급격히 변모하고 있다.

이와 더불어 20세기 사회를 지배한 중요한 이데올로기였던 공산주의와 민주주의가 21세기에 자본주의라는 거대한 물결로 합쳐지고 있다. 자본주의의 핵심은 결국 '돈'이며, 돈의 흐름은 개인의 삶은 물론이고 국가의 존망을 결정하기에 이르렀다.

실존적 사고와 자본주의 사상은 지구상 모든 사람들이 직면한 현실이고, 이는 하나님을 믿는 그리스도인도 예외일 수 없다. 그리스도인들은 특히 창조주 하나님을 주인으로 섬기기 때문에 역사의 흐름과 시대 조류에 더 민감해야 한다. 하나님이 태초부터 '땅을 정복하고 다스리라'는 문화명령을 주셨기 때문이다. 그런데도 '돈은 일만 악의 근원'이라는 극보수적인 가르침이 그리스도인들을 부에 대한 경시나 무지로 내몰았고, 결국 부의 빈곤을 가져와 또다시 애굽 생활을 할 수밖에 없는 '돈의 노예'로 전락하게 하였다.

이 책의 저자들은 이른바 '돈 전문가'로서, 돈에 대한 하나님의 비밀을 전하는 사명을 감당하며 기도로 자기 삶을 풀어가는 신실한 신앙인들이다. 돈으로부터의 출애굽을 외치며 도움을 전할 뿐 아니라 스스로도 돈에 대한 자유함을 누리며 살고 있다.

또한 돈을 버는 것만큼 잘 '관리'해야 함을 강조하는데, 재정 관리에 인간 내면의 삶을 언급함으로 본질적 접근을 시도한다. 특히 주식 투자에 성경적 견해를 더하며 긍정적으로 접근한다. 실제로 노동의 개념이 육체에서 두뇌로 옮겨가고 있는 시대에 투기가 아닌 건전한 투자는 창조의 원리에 어긋나지 않는다. 다만 커다란 이익을 바라는 도박적 사고는 인간의 욕심에 해당하므로 분명 하나님께서 기뻐하시는 것이 아니다.

하지만 그것은 투자뿐만 아니라 어느 영역이나 마찬가지다. 우선순위를 확실히 한다면 우리 그리스도인들이 삶의 모든 영역에서 자유를 누리는 데 어려움이 없을 것이다. 인간이 세상을 살아가는 창조의 원칙, "그 나라와 그 의를 구하면 이 모든 것을 더해 주신다"라는 예수님의 말씀대로 사는 것이 정답이다(마 6:33).

본서를 통해 많은 그리스도인들이 돈에 자유로움을 누리며 부유하든지 가난하든지 하나님께 영광 돌리는 삶을 살기 바란다. 아울러 이 땅에서 하나님 나라를 만드는 데 돈을 유용한 수단으로 사용하는 기쁨을 누렸으면 좋겠다.

지치고 고단한 영혼을 치유할 책

작금의 한국 출판계에는 재테크 관련 서적들이 횡행하고 있
다. 재테크에 관한 대부분의 책들이 지극히 자극적인 메시지를
주장하는데, 그들이 지향하는 바는 전부 같다. 투자와 재무관리
의 노하우를 극대화해서 돈을 많이 끌어모으고 그 결과로 안락
하고 행복한 인생을 살라는 것이다. 이 책이 그러한 자극적이고
모순적인 책들에 해독제가 되어 수많은 영혼을 치유하게 될 것
이라 확신한다.

인간은 숨 쉬는 시간의 70%를 돈과 관련된 생각을 하며 산다
고 한다. 이처럼 우리 삶을 크게 지배하고 있는 돈에 대해 성경
적이고 온전한 가르침이 흔치 않았다. 이 책의 저자들은 돈을 다
루는 일이 전공이면서 동시에 하나님의 말씀에 입각한 연구와
교육, 상담에 지대한 관심을 두고 있다. 혼란스러운 현 상황에
서 한국의 성도들에게 재정에 관한 성경의 가르침과 재정관리법
을 가장 정확하고도 분명한 메시지로 전달할 수 있는 최고의 전

문가들이라고 감히 단언할 수 있다.

또한 성경적 재물관을 다룬 대부분의 책들이 목회자들이 쓴 경우가 많아서 재정 관리의 구체적인 부분에 답변을 듣기 어려웠던 반면, 이 책은 매우 구체적이고도 세밀한 원칙들을 다룬다. 예를 들면 증권 투자는 성경적인가 하는 내용들이다. 게다가 저자들의 경험담이 풍부하게 녹아 있어 한국 독자에게 맞는 공감 100%의 에피소드들을 만날 수 있다.

세상에 범람하는 재테크 서적들의 표피적이고 거짓된 가르침에 지치고 고단한 영혼들 모두가 이 책을 읽으며 마음의 평안과 쉼을 얻고 하나님을 신뢰하게 되기를 소망한다. 나아가 균형 잡히고 올바른 재물관리의 원칙들을 통해 이 땅에서의 삶이 더욱 풍성해지고, 영원한 하나님 나라를 위해 마음껏 심고 열매를 맛보는 일들이 가득하기를 기대한다.

저자 서문

돈 걱정 없는 삶을 위하여

"자네는 예수쟁이니, 좀 포지티브 positive 한 회계를 하여 봄이 어떤가?"

박사학위 논문 심사가 거의 마무리될 즈음에 심사위원이신 송자 교수님께서 질문을 던지셨습니다. '아니, 논문 심사가 무사히 넘어가고 있는데, 이런 엉뚱한 말씀은 웬일인가?' 하는 생각에 적잖이 당황스러웠습니다. 그래도 심사는 통과하여야겠기에 부담스러운 약속을 덜컥 하고 말았습니다.

"네, 박사학위를 받은 후 연구해 보겠습니다."

그냥 지나칠 수도 있는 약속이었지만 그 후에도 '포지티브한 회계'가 머릿속을 떠나지 않았습니다.

그러다가 미국에서 오신 김병철 선교사님에게 한 이야기를 들었습니다. 미국에 래리 버켓 Larry Burkett 이라는 분이 가정의 재정 관리에 대한 성경적인 해법을 여러 방송국에서 상담하고 있다는 이야기였습니다. '성경적인 돈 관리', 이것이야말로 포지티

18

브한 회계라는 생각이 들었습니다. 이는 경북대학교에 부임하면서 하나님께 간구해 왔던 '전공인 회계학을 통해서 어떻게 하나님께 영광 돌릴까?'라는 기도의 응답이기도 했습니다.

래리 버켓의 책인 《돈 걱정 없는 가정》CUP, 지금은 절판을 번역하여 출간한 이후, 많은 교회와 기독교 단체, 기업 등에서 강의하면서 돈에 대한 성경의 지혜를 나누었습니다. 많은 분들이 그리스도인의 재정 관리에 대한 강의를 통해 하나님의 진리의 탁월성과 돈에까지 미치는 구체성에 은혜를 받았고, 저도 깊은 감동과 재정으로부터 자유로움을 누리는 큰 은혜를 받았습니다.

성경 말씀은 특별히 경제위기로 어려운 많은 분들께 위로가 되었습니다. 사실 경제위기는 지나친 물신주의의 병폐 때문에 발생한 것입니다. 그러므로 우리는 정신적으로, 영적으로 이 난관을 극복했어야 합니다. 그러나 안타깝게도 물신적인 문제를 또다시 돈으로 해결하려고 시도했기에 우리 마음속에 물질주의가 더욱 심화되어 많은 사회 문제들을 야기하고 있습니다.

이 책은 지난 30년 이상 돈을 공부하고, 나누고, 논의하면서 깨달은 것들을 정리한 산물입니다. 특히 개념적인 내용뿐만 아니라, 실제적인 투자, 소비, 저축에 대하여 성경적인 해법이 무엇인지 논의하고자 하였습니다. 여기에 백정선 대표의 수많은 상담과 실전 경험을 더하여 일생에서 세대별로 필요한 재정 관리에 관해 기술함으로써 실제적인 도움이 되도록 하였습니다.

돈은 우리의 일상뿐만 아니라 영적 생활에서 너무나 중요한 요소입니다. 그러므로 돈에 매이거나 부정하는 양극단을 떠나, 제대로 알고 바르게 사용함으로써 돈을 하나님이 목적하신 그 본연의 자리에 돌려놓아야 한다는 것이 저자들의 생각입니다. 돈이 제자리를 찾을 때, 참으로 우리 삶이 행복하고 풍요로워질 수 있습니다.

아무쪼록 부족한 이 책을 통하여 성경에서 말씀하시는 돈에 대한 바른 태도를 깨닫고, 돈 걱정 없는 균형 있는 삶을 사실 수 있기를 소망합니다.

시원한 바람이 부는 초가을의 길목에서

조성표, 백정선 드림

01

회계학 교수,
돈에 눈뜨다

돈은 영적인 문제다

우리는 돈과 관련된 많은 문제와 씨름하며 지냅니다. 그리스도인들 역시 돈 때문에 고민하거나 힘들어 하지요. 부자가 되고 싶은 욕구는 그리스도인들도 예외가 아닐 텐데 교회 내에서 돈 이야기를 하면 세속적이거나 믿음이 부족한 것처럼 경시하는 경향이 있습니다. 그러다 보니 헌금 이외에 돈에 관해 이야기하는 것이 금기처럼 되어 있습니다.

그러나 그리스도인들에게 돈 문제는 영적인 부분에까지 영향을 미치기도 합니다. 돈은 우리가 유혹받고 죄에 빠지기 쉬운 영역인 만큼 위험하고 또 중요합니다. 그러니 성경에서 말씀하시는 돈에 대한 가르침을 배워서, 바로 알고 바로 사용하는 것이 필요합니다.

그런 취지에서 그리스도인들을 대상으로 DEW현 사단법인 기독교세계관학술동역회와 교회가 연합해 "돈 걱정 없는 인생 살기"라는 주제로 돈 관리에 관한 세미나를 한 적이 있습니다. 재정 관리에 관심 있는 세미나에 목사님도 오시고 부동산업에 종사하는 분은 물론 자신의 직업을 성경적으로 연구하려고 오신 분도 계셨습니다. 회계학 교수로서 성경적 관점에서 그리스도인들이 돈을 어떻게 다루고 관리해야 하는지 말씀드렸는데, 정말 필요하고 절실했던 강의였다는 말씀과 큰 호응을 주셨습니다. 이 내용을 보다 많은 분들과 나누기 위해 이 책을 쓰게 되었습니다.

돈 문제는 사실 내적인 문제입니다. 돈의 사용을 통해 자기 모습을 더 잘 볼 수 있기 때문입니다. 돈 문제와 신앙은 별개가 아닙니다. 이는 총신대학교, 대신대학교, 캐나다 밴쿠버기독교 세계관대학원VIEW, 러시아장로회신학교, 우간다 올내이션스신학교, 미국 중서부침례신학교Midwestern Baptist Theological Seminary 및 여러 목회자 모임에서 돈과 재물을 주제로 강의할 때 목회자와 신학생들이 공감한 부분입니다.

그리스도인으로서 우리가 접하는 문제들은 하나님의 관점에서 이해되고 적용되어야 합니다. 그러므로 먼저 성경이 말씀하는 돈과 재물에 대해 살펴보려 합니다. 하지만 성경은 경제 교과서가 아니므로 저와 다른 견해를 가진 독자도 있을 것입니다. 아무쪼록 성령님께서 저와 독자들에게 지혜를 주셔서 함께 진리의 길에 서기를 간절히 바라며 시작합니다.

돈은 나의 소명이다

저는 1986년에 경북대학교에 부임해서 지금까지 회계학을 가르치고 있습니다. 하나님께서 경북대학교에 보내 주신 것이 너무나 감사하여 부임 직후부터 '전공인 회계학을 통해 어떻게 하나님께 영광을 돌려 드릴까?' 생각하며 많이 기도했습니다. 전공을 하나님께서 주신 특별한 달란트라고 생각했기에, 이 달란트를 가지고 하나님께 보답하고 싶었습니다.

저는 중요한 일들은 3년쯤 기도하면 응답받곤 했습니다. 부모님의 구원을 위해서 3년을 쉬지 않고 기도하니 하나님께서 인도해 주셨습니다. 결혼을 위한 기도는 1년 후에 응답받았는데, 알고 봤더니 제 아내가 2년 동안 기도했다고 합니다. 그러니 제가 1년, 아내가 2년 이렇게 해서 3년의 기도 기간이 있었던 셈이지요.

제가 전공을 통해 어떻게 섬길까를 두고 3년 정도 기도했을 무렵 미국에서 선교사 한 분이 오셨습니다. 한국 분인데 우리나라에서 컴퓨터 공학을 전공하고 미국에 가서 신학을 공부하신 후, 미국에서 러시아로 선교사 파송을 받았습니다. 강의하시는 곳으로 모시고 가던 중에 제 전공이 회계학인 것을 아시고 그분이 이런 이야기를 하셨습니다.

"조 교수님, 미국에 래리 버켓이라는 재정 상담가가 있는데,

성경에 기록된 재물관을 연구하여 미국 라디오 방송국에서 그리스도인의 재정문제를 상담해 주고 있습니다."

순간 귀가 번쩍 뜨였습니다. 이것이 하나님께서 내게 주신 소명이 될 수도 있겠다 싶었습니다.

래리 버켓의 책들이 여러 권 있었습니다. 책들을 다 사서 보고 그 중 한 권을 당시 기독교 세계관을 같이 공부하던 학생들과 함께 번역했습니다. 지금은 절판되었지만, 그때 《돈 걱정 없는 가정》CUP, 원제는 *The Complete Financial Guide for Young Couples* 으로 출판되어 많은 분들이 읽고 그 감동을 저에게 전해 주셨습니다.

그 일을 계기로 하나님께서 제게 주신 달란트인 회계학을 통한 하나님의 뜻을 발견했습니다. 그 후 다른 사람들에게 전해야 한다는 소명감으로 그리스도인의 재정 관리에 관한 강의를 요청하는 곳이면 어디든 달려가 강의하고 있습니다.

현대 사회는 매우 복잡합니다. 예전에는 목사님의 설교를 듣고 우리 삶에 그대로 적용할 수 있었습니다. 사회가 단순했기 때문입니다. 그런데 지금은 성경의 원리만으로는 직접 적용하기 힘든 전문적이고 복잡한 문제들이 많습니다.

목사님의 원리적인 말씀이 중요하지 않다는 뜻이 아닙니다. 오히려 더 중요합니다. 현대 사회가 가치관의 혼란 상태에 있으니 말씀으로 원칙을 세우는 일이 무엇보다 중요합니다. 다만 전문적인 문제들에 대해서는 하나님의 말씀을 삶의 구체적인 영역에 적용할 수 있도록 그 분야를 전공한 그리스도인 전문인들의 많은 연구와 조언이 필요합니다. "증권 투자가 성경적입니까? 아닙니까?"라고 물었을 때 말씀에 근거해서 명확하게 대답해 줄 수 있는 목사님이 얼마나 계시겠습니까? 성경에는 그런 부분까지 세세하게 나와 있지 않으니 성경의 원리로 그 분야를 공부한 전문가가 대답을 줄 수 있을 것입니다.

그리스도인들의 삶의 구체적인 부분에까지 성경적인 지침을 제시해 주기 위해서는 전문인들이 각자의 분야에서 연구해야 합니다. 더 나아가 모든 그리스도인이 자기가 처한 삶의 영역에서 성경적인 원리를 찾아 실천하는 노력을 계속해야 합니다. 예를 들어 간호학과를 나오신 분들은 호스피스에 관해 연구해 성경적 원리를 실천할 수 있을 것입니다. 자동차공학을 전공하신 분들은 환경과 자원을 보존하고 공해를 줄일 수 있는 자동차 관리법이 무엇인지 연구할 수 있습니다. 우리 삶의 어떤 부분도 하나님 말씀의 영역에서 벗어난 것이 없으므로 말씀을 통해 삶의 지혜로운 통찰력을 얻을 수 있다고 생각합니다.

저는 성경에서 돈과 관련된 말씀을 연구하면서 하나님께서 주시는 복을 많이 받았습니다. 복을 많이 받았다는 것이 돈을 많이 벌었다는 의미는 아닙니다. 돈에 대해 상당한 자유함을 누리게 되었고, 나눔의 기쁨과 더불어 하나님의 채우심도 경험하였

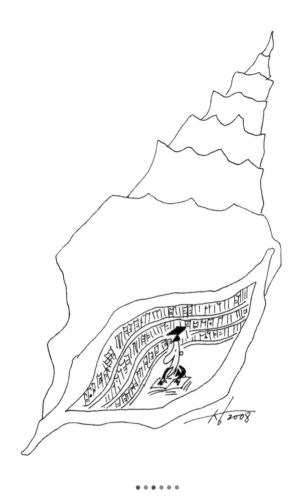

• • • • • •

그리스도인들에게 돈 문제는 영적인 부분에까지 영향을 미치기도 합니다.
돈은 우리가 유혹받고 죄에 빠지기 쉬운 영역인 만큼
위험하고 또 중요합니다.

습니다.

최근에 들어와서 우리나라 가정경제가 매우 부실합니다. 신용불량자가 많게는 4백만 명 가까이 될 때도 있었습니다. 노인과 아이들을 제외한 돈 버는 사람들을 '경제활동인구'라고 하는데, 우리나라 경제활동인구 2천5백만 명 중 4백만 명이 신용 불량자인 것은 예닐곱 명 중 한 명이 신용불량이라는 말입니다. 이런 이야기를 어느 교회에서 했더니 분위기가 싹 가라앉더군요. 교회 다니는 사람 중에도 신용에 어려운 분들이 많다는 뜻입니다. 가장이 신용불량자면 한 가족이 모두 신용불량자가 되기 때문에 우리나라 가정경제가 상당히 심각한 수준에 놓여 있는 것입니다.

따라서 우리는 재정에 대해 건전한 상식을 가져야 합니다. 돈 버는 법도 알아야 하고, 투자하고 소비하는 법, 그리고 자녀들에게 물려 주는 방법도 알아야 합니다. 그러므로 성경의 재물관과 더불어 재산 관리 상식에 대해서도 다루려고 합니다. 이에 대한 성경적인 가르침은 어떤지 함께 생각해 봅시다.

돈은 성경의 핫이슈다

많은 그리스도인들이 돈에 대해 잘못된 개념을 가지고 있습니다. 어떤 사람들은 가난한 것이 영적이고 부유한 것은 세속적이라고 생각하여, 청빈해야 하나님을 잘 섬길 수 있다고 합니다. 예를 들면 사막의 성자들은 돈이 하나님을 섬기는 데 방해가 되고, 가난한 것이 오히려 도움이 된다고 생각합니다.

또 다른 사람들은 반대로 생각합니다. 부자야말로 하나님의 복을 받은 사람들이고, 가난한 사람은 저주를 받았다고 생각하지요. 예수님 당시에도 그런 사람들이 있었고, 지금도 많은 사람들이 그런 생각을 하고 있습니다. 소위 '번영 신학'의 견해를 가진 분들입니다.

다른 한편으로 돈은 성경과 무관하다고 생각하는 이들도 있습니다. 성경이 돈에 대해 가르치지 않기 때문에, 세속적인 방법으로 벌더라도 하나님께 십일조만 잘 드리면 된다고 생각합니다. 헌금만 잘하면 모든 것이 다 거룩하게 된다고 생각하는 것이지요. 이런 생각을 하는 사람들이 참 많습니다. 그러나 그리스도인 사장이 직원들에게 월급을 제대로 주지 않거나 부당하게 인색하게 주면서 교회에 헌금만 잘 드린다고 하나님이 기뻐하시겠습니까?

지금까지 교회는 10의 1은 강조했지만 10의 9에 관해서는 이야기하지 않았습니다. 십일조를 하나님께 드리라고 가르쳤지만 돈을 어떻게 벌고 써야 하는지, 나머지 9를 어떻게 관리해야 하는지 제대로 가르치지 않았습니다. 그런데 10의 9에 대해서는 목사님이 아니라, 우리 같은 전문인 사역자들에게 가르칠 책임이 있다고 생각합니다. 신실한 재정 전문가들의 역할이 중요하지요.

성경 구절들을 주제별로 분류하면 가장 많이 등장하는 주제가 무엇일까요? 첫째는 '사랑'입니다. 하나님은 사랑이시고 성경은 그 하나님의 사랑을 기록한 책이기 때문입니다. 그렇기에 성경은 우리를 향한 하나님의 연애편지라고 합니다. 두 번째로 많이 나오는 주제가 무엇인지 아십니까? 바로 '돈'입니다. 신·구약 성경을 통틀어 돈에 관해 직접 언급한 구절이 700개가 넘습니다.

재미있는 것은 예수님의 비유 중에 3분의 2가 돈에 관한 것입니다. 달란트 비유, 잃어버린 동전의 비유, 밭에 감춰진 보화의 비유, 잃어버린 양에 관한 비유 등 대부분이 돈과 관련된 비유입니다. 예수님께서는 회계학자도 아니신데, 왜 돈에 관한 비유를 가장 많이 사용하셨을까요? 비유가 무엇입니까? 이해하기 어려운 사실을 표현할 때 누구나 관심을 가지고 있어 쉽게 알 수 있는 것에 빗대어 설명하는 것입니다. 예수님이 돈과 관련된 비유를 많이 사용하신 것은 그 당시 사람들이 돈에 관심이 많았기 때문입니다.

그러면 2천 년 전 사람과 지금 우리 중에 누가 돈에 관심이 더 많을까요? 예수님이 살던 시절에는 돈을 수중에 가지고 다니는 사람이 거의 없었을 것입니다. 아마 세리였던 마태나 삭개오는 돈이 있었을 듯합니다. 그런데도 당시 사람들은 돈에 관심이 많았습니다. 우리 현대인들은 2천 년 전 이스라엘 사람들보다 돈에 대한 관심이 훨씬 더 높을 것입니다. 그렇기에 돈은 남녀노소, 동서고금을 막론하고 모든 시대, 모든 나라, 모든 사람의 주된 관심사입니다.

성경이 돈에 대해 이렇게 많이 이야기하는 것은 그만큼 우리 삶에서 비중이 크다는 것을 말해 줍니다. 그렇기에 예수님도 우리 마음속에 돈이 차지하는 비중이 큼을 바로 말씀하셨습니다.

"네 보물 있는 그 곳에는 네 마음도 있느니라"(마 6:21)

돈은 우리 삶에서 매우 중요하고 직접적인 주제입니다. 실제로 우리 삶에서 이루어지는 의사결정에서 70~80% 정도가 돈과 연관되어 있다고 합니다. 그러니 돈을 제대로 관리하지 못하면 우리 삶의 많은 부분에서 문제가 발생할 수 있습니다.

우리 삶의 많은 문제는 부족한 것이 채워지면 해결됩니다. 그런데 돈은 묘해서, 돈을 많이 번다고 돈 문제가 없어지지는 않습니다. 돈이 없을 때는 집세 걱정, 생활비 걱정 등 돈 때문에 많은 걱정을 하게 됩니다. 반면 돈이 많아지면 돈 걱정은 없어지지만, 돈으로부터 새로운 문제가 발생하기도 합니다.

외환위기 시절 어느 신문에 "셋방 살다 돈벼락, 병든 가족 관계"라는 제목으로 기사가 난 적이 있습니다. 1997년 말 IMF 경제위기 때 한 가장이 실직해서 아이 미술학원 보낼 돈 6만 원이 없을 정도로 생활이 어려웠답니다. 그때 정신을 차리고 자기 경험을 살려 다른 사람들의 돈을 맡아 대리로 투자를 해 주었습니다. 그때는 투자만 하면 주가가 올랐기 때문에 돈을 쉽게 벌어 줄 수 있었습니다.

대리 투자에 대한 대가로 2억을 받았습니다. 이를 가지고 당시 벤처기업을 운영하던 친구들에게 1천만 원씩 빌려 줬는데 벤처기업 주식이 너무 많이 뛰어서 가지고 있던 주식 시가를 합해 보니 100억이나 되었습니다.

'내가 부자가 되었는데 셋방살이가 웬 말이냐. 부자처럼 한번 살아보자.' 그렇게 마음먹고 외제 승용차를 두 대 샀습니다. 그리고 10억짜리 집도 장만했습니다. 골프도 배우고 회원권도 샀습니다. 대박을 터뜨려 돈을 벌었다고 하니 사람들의 대접이 달라졌지요. '이래서 사람들이 부자가 되고 싶어 하는구나.' 하고 흡족했습니다.

그러나 행복도 잠시, 고민거리가 생기기 시작했습니다. 가장 먼저 부부싸움이 일어났습니다. 형편이 어려울 때는 남편이 술을 마시고 들어오면 얼마나 힘들어서 그러냐고 꿀물을 타 주던 아내가 이제는 어떤 여자랑 마시고 왔느냐고 윽박지르며 따지기 시작했습니다. 또 검소하던 아내가 가정부를 들이고, 골프를 치러 다니고, 100만 원이 넘는 비싼 옷을 사 입기 시작했습니다. 친구들한테 한턱 내는 데 몇십만 원씩 쓰기도 하구요.

아이들도 달라졌습니다. 전에는 과자 한 봉지만 사다 줘도 고마워하던 아이들이 고가의 게임기를 사줘도 만족할 줄 모릅니다. 형제간에도 다툼이 일어났습니다. 100억이나 벌었다면서 사업자금 좀 안 보태 주냐고 서운하게 생각했습니다. 돈 때문에 가정 문제가 심각해졌습니다. 눈치를 보아하니 아내에게 애인까지 생긴 듯한데 이를 캐물을 수도 없어 번민하며 지낸다며 기사가 마무리되었습니다.

갑자기 돈을 많이 벌었을 때 관리할 능력이 없으면 이런 식으로 문제가 일어나는 경우가 비일비재합니다. 갑자기 돈을 많이 버는 것을 돈벼락 맞았다고 하지요. 돈벼락이 좋은 줄 아는 분이 많은데 벼락을 맞아 인생이 풍비박산 난다는 뜻입니다. 돈 문제는 많이 번다고 해결되는 것이 아닙니다. 이것이 다른 문제들과 구별되는 특징입니다. 돈 문제는 돈을 많이 버는 것으로 해결되는 것이 아니라, 돈에 대한 바른 태도를 가질 때 해결됩니다. 이것이 이 책의 근본 주제입니다.

하나님은 우리가 물질을 잘 관리할 능력이 있을 때 부의 복을 주십니다. 그러므로 우리는 돈을 어떻게 사용할지에 대해서도 생각해야 합니다. 즉 '많은 돈은 아니지만, 이 돈을 어떻게 쓸까?' 하는 선한 부담을 가져야 하는 것이지요. 그리스도인들은 성경에서 경제생활에 관해 뭐라고 말씀하는지 정확히 알고 그것을 실천해야 할 책임이 있습니다.

종교 개혁자 마르틴 루터는 "진정한 회심이 무엇입니까?"라는 질문을 받았을 때 다음과 같이 대답했다고 합니다.

"그것은 머리의 회심과 가슴의 회심이며 돈지갑의 회심입니다. 머리의 회심은 지적 변화입니다. 복음과 진리를 깨닫는 것이지요. 가슴의 회심은 사랑과 정의를 회복하는 것을 말하지요. 그리고 중요한 것은 돈지갑의 회심입니다. 돈을 어떻게 모으고 어떻게 사용하는가가 회심의 척도가 될 수 있습니다."

돈으로 구원을 얻는다는, 당시 면죄부 장사를 정면으로 부정하고 '오직 믿음'Sola Fide 을 외친 마르틴 루터가 돈지갑의 회심을 강조한 것이 참으로 재미있지요. 우리는 돈지갑으로 구원받습니까? 아니면 믿음으로 구원받습니까? 당연히 예수님을 믿음으로 구원받습니다. 그렇다면 루터는 왜 이런 말을 했을까요?

우리가 믿음으로 구원받지만, 구원의 증거가 행함으로 나타나야 함을 강조하기 위해서입니다. 행함으로 구원받는 것은 아니지만 행함은 구원의 증거로 나타나는 열매입니다. 구원받은 사람은 선한 행실을 추구하는 증거를 보이게 됩니다. 그 행함의 가장 구체적인 증거가 바로 돈의 쓰임이라는 것이지요.

그리스도인들은 내가 예수님을 위해 살고자 하는 소망이 있는지, 또 내가 가진 돈이 하나님과 이웃을 위해 바로 쓰이고 있느지 한 번씩 돌아봐야 합니다. 그리고 마음의 회개를 통해 죄에서 벗어나 자유로워졌다면, 돈지갑의 회개를 통해 돈의 굴레로부터 자유로워지는 복을 누려 보시기 바랍니다.

**한 번
더
생각해
보기**

1. 당신의 관심 분야나 직업은 무엇입니까? 그 부분이 하나님의 영광을 위해 어떻게 사용될 수 있을까요? 당신의 삶에 어떻게 적용할 수 있을지 생각해 봅시다.

2. 우리의 영적 삶에서 돈의 긍정적 측면과 방해가 되는 부정적 측면은 무엇인지 생각해 봅시다.

3. 지난 한 주간 어디에 돈을 사용하였는지, 지출 목록을 적어 보십시오.

4. 이번 주에 실천해야 할 경제적 의사결정은 무엇인지 구체적으로 써 봅시다.

돈,
하나님의 선물인가
우상인가?

개처럼 벌어서 정승처럼 쓴다?

돈, 재물, 재산이란 무엇일까요? 과거에는 토지, 건물, 소나양 등을 재산에 포함했습니다. 주로 유형의 재물에 대해서만 재산적 가치, 즉 돈으로 평가한 것이지요. 그런데 현대에 와서는 무형의 자산에 대해서도 재산적 가치를 평가합니다. 예를 들어 노무출자가 있습니다. 어떤 사람이 회사를 설립하는데 전문가가 필요해서 덕망 높은 교수님을 영입한다면, 그 교수님은 돈을 투자하지 않아도 신용과 전문지식이 있어서 법적으로 노무출자로 인정됩니다.

또한 인재를 채용할 때 능력에 따라서 연봉을 결정합니다. 강사료도 강사의 명성과 수준에 따라 결정됩니다. 돈을 얼마나 받느냐가 자기 실력을 평가하는 척도가 되는 것입니다. 이처럼 현대 사회에서는 사람의 신용과 능력도 돈으로 평가하여 재산으로 간주합니다.

사람의 마음도 그렇습니다. 아기 돌잔치에 초대받아 갈 때 빈손으로 갈 수 없습니다. 축하금을 주거나 선물이라도 해야 '저 사람이 정말로 우리를 축하해 주는구나'라고 생각합니다. 물질로 표현해야 마음도 전달되는 것입니다.

이처럼 현대 사회에 올수록 재산의 영역이 넓어지고, 재무적 가치를 돈으로 평가하고 있습니다. 궁극적으로 돈이 모든 평가의 기준이 되는 셈입니다. '시간은 돈이다'라는 말을 모두 아실 것입니다. 이 문장에서 시간과 돈 중 어느 것이 더 중요할까요? 이 문장의 구조를 보면, 시간보다 돈이 더 중요하다는 의미를 내포하고 있습니다. 즉 시간이 중요하다는 것을 강조하기 위해 돈만큼 중요하다고 표현한 것입니다. 모든 사람들이 돈의 중요성을 당연히 알고 있어서 비유로 사용한 것입니다. 우리 속담에도 "돈은 귀신도 부린다"는 말이 있고 서양 속담에도 "돈이 큰소리 친다"고 합니다. 모두 돈의 위력을 나타내는 속담들이지요.

그렇다면 우리나라 사람들이 가지고 있는 재물관은 어떨까요? 우리 속담에 "개처럼 벌어서 정승처럼 쓴다"라는 말이 있습니다. 이 말이 우리나라 사람들의 재물관을 정확히 표현하고 있다고 합니다. 오래된 속담이긴 하지만 옛사람들뿐만 아니라, 현시대의 우리도 3분의 2 정도가 이 속담과 같은 재물관을 가진 것으로 알려져 있습니다.

이 속담의 본래 뜻은 '벌 때는 비천하게 벌더라도, 쓸 때는 고

상하고 깨끗하게 쓰라'는 의미입니다. 청빈 淸貧의 개념도 있었지만 청부 淸富의 개념도 중요시되었다고 합니다. 언젠가 〈오래 가는 부자들의 비결〉이라는 TV 프로그램에 경주의 최부잣집이 방영된 적이 있었습니다. 최부잣집은 "사방 백리 안에 굶어 죽는 사람이 없게 하라"는 가훈을 실천하며 가난한 이웃들을 돌보았습니다. 이에 따라 부자가 3대를 넘기 힘들다는 속담을 깨고 13대를 만석꾼 집안으로 살고 있습니다. 소위 노블레스 오블리주 Noblesse Oblige를 실천하는 '깨끗한 부자'의 모범 사례이며, 이 속담의 본뜻이라고 할 수 있습니다.

그런데 이 속담이 현대에 와서 그 의미가 바뀌어 사용되고 있습니다. '수단과 방법을 가리지 말고 벌자. 그리고 쓸 때는 폼나게 써 보자'라고 뜻으로 변했습니다. 청부가 아니라, 졸부 猝富의 개념으로 변질된 것이지요. 참으로 안타까운 현상입니다.

부는 하나님이 베푸시는 복이다

성경은 돈 또는 부에 대해 어떻게 말씀하실까요? 성경은 부에 두 가지 측면이 있다고 이야기합니다. 하나는 하나님께서 주시는 복으로서의 부이고, 다른 하나는 하나님을 등지게 할 수 있는 우상으로서의 부입니다. 부에 대한 두 측면을 균형 있게 이해하는 것이 중요합니다.

먼저 '하나님의 복으로서의 부'를 누린 사람들을 소개하겠습니다. 구약에서는 물질적인 부가 하나님의 복이라는 사상이 강하게 나타나 있습니다. 아브라함, 이삭, 야곱, 욥, 여러 족장들, 그리고 솔로몬이 하나님께 복을 받아서 부를 누린 사람들입니다.

'하나님 복으로서의 부'를 대표적으로 잘 설명한 말씀이 신명기 28장입니다.

"네가 네 하나님 여호와의 말씀을 삼가 듣고 내가 오늘 네게 명령하는 그의 모든 명령을 지켜 행하면 네 하나님 여호와께서 너를 세계 모든 민족 위에 뛰어나게 하실 것이라 네가 네 하나님 여호와의 말씀을 청종하면 이 모든 복이 네게 임하며 네게 이르리니 성읍에서도 복을 받고 들에서도 복을 받을 것이며 네 몸의 자녀와 네 토지의 소산과 네 짐승의 새끼와 소와 양의 새끼가 복을 받을 것이며 네 광주리와 떡 반죽 그릇이 복을 받을 것이며 네가 들어와도 복을 받고 나가도 복을 받을 것이니라"(신 28:1~6)

하나님의 약속에는 조건 없는 약속이 있고 조건 있는 약속이 있는데, 이 본문은 조건적인 약속입니다. 부자가 되는 비결은 2절에 나와 있듯이 "하나님 여호와의 말씀을 청종"하는 것입니다. 청종하면 이 모든 복을 주시는데, 여기서 말씀한 복이 다 물질적인 복입니다. 조건이 '하나님의 말씀을 듣고 순종하는'

것이고요.

우리는 대개 물질적으로 잘살기를 원합니다. 물론 "가산이 적어도 여호와를 경외하는 것이 크게 부하고 번뇌하는 것보다 나으니라"(잠 15:16)는 것을 알고 있습니다. 그러나 그냥 그런 부자가 아니라 하나님으로부터 부의 복을 받을 수 있다면 얼마나 좋겠습니까?

그렇다면 하나님의 복으로 부를 누릴 수 있는 비결이 무엇일까요? 하나님의 복으로 부자가 된 믿음의 선배들을 보면 그 비결을 알 수 있습니다. 성경에는 흥하는 법도 있고 망하는 법도 있고, 부자가 되는 법도 있고 가난하게 되는 법도 있습니다. 그러므로 우리는 성경에서 물질로 복 받는 비결을 배울 수 있습니다. 지금부터 솔로몬과 아브라함이 어떻게 하나님의 복을 받았는지 살펴보도록 하겠습니다.

'듣는 마음'을 구한 솔로몬

솔로몬은 당대의 어떤 왕과도 비교할 수 없을 만큼 큰 부와 명예를 누렸습니다. 성경에 솔로몬이 이 세상의 어떤 왕보다도 부자였다는 말씀이 나옵니다.

"솔로몬 왕의 재산과 지혜가 세상의 그 어느 왕보다 큰지라"(왕상 10:23)

당시 이웃 나라에서 스바의 여왕이 이스라엘을 방문했다가 솔로몬의 지혜에 감동했고, 건축한 왕궁을 보고 놀라며 기가 눌려 버렸습니다. 여왕은 이렇게 고백합니다.

"당신의 지혜와 복이 내가 들은 소문보다 더하도다"(왕상 10:7하)

자기가 들었던 소문보다 훨씬 부자라는 이야기입니다. 당시 예루살렘에는 은이 돌같이 흔했고 백향목이 뽕나무같이 흔했다고 합니다(왕상 10:27).

그러면 솔로몬이 어떻게 부자가 되었을까요? 열왕기상 3장으로 가보겠습니다.

"이에 왕이 제사하러 기브온으로 가니 거기는 산당이 큼이라 솔로몬이 그 제단에 일천 번제를 드렸더니"(왕상 3:4)

이때는 솔로몬이 왕이 되어 왕권을 정립한 직후입니다. 무언가 하나님께 바라는 것이 있었던 것 같습니다. 그래서 하나님께 일천 번제를 드리며 구했던 것입니다. 드디어 하나님께서 응답하셨습니다.

"기브온에서 밤에 여호와께서 솔로몬의 꿈에 나타나시니라 하나님이 이르시되 내가 네게 무엇을 줄꼬 너는 구하라"(왕상 3:5)

잠시 눈을 감고 생각해 보십시오. 하나님께서 여러분에게 나타나셔서 "무엇이든지 줄 테니 구하라"고 하시면 얼마나 좋겠습니까? 그때 즉각적으로 대답할 수 있도록 미리 답을 준비해 두어야 합니다.

이때 우리는 무엇을 구할까요? 가장 중요한 것, 가장 가지고 싶은 것, 일생에서 이루고 싶은 소원을 구하지 않겠습니까? 그러니 하나님의 질문을 좀 더 이해하기 쉽게 풀어 쓴다면 다음과 같을 것으로 생각합니다.

"네가 가장 가지고 싶은 것이 무엇이냐?"

"네가 가장 귀하게 여기는 것이 무엇이냐?"

"네가 생각하는 가장 가치 있는 것이 무엇이냐?"

"너의 필생에 이루고 싶은 인생의 목표가 무엇이냐?"

하나님께서 바로 우리 인생의 목표, 가치관, 비전을 묻고 계십니다. 솔로몬은 아무 망설임 없이 대답합니다. 일천 번제를 드릴 때 원하는 바였기 때문일 것입니다.

"누가 주의 이 많은 백성을 재판할 수 있사오리이까 듣는 마음을 종에게 주사 주의 백성을 재판하여 선악을 분별하게 하옵소서"(왕상 3:9)

솔로몬이 무엇을 구했습니까? 하나님께 듣는 마음을 구했습니다. 그런데 하나님께서 이를 기뻐하셨습니다.

"솔로몬이 이것을 구하매 그 말씀이 주의 마음에 든지라"(왕상 3:10)

주의 마음에 들었다는 것이 NIV 성경에는 하나님께서 매우 기뻐하셨다고 되어 있습니다.

"The Lord was pleased that Solomon had asked for this"(1 Kings 3:10, NIV)

도대체 듣는 마음이 무엇이길래 하나님께서 이렇게 기뻐하셨을까요? 솔로몬이 듣는 마음을 구했는데, 하나님께서는 이와 함께 재물의 복을 더해 주십니다. 11절을 보시지요.

"이에 하나님이 그에게 이르시되 네가 이것을 구하도다 자기를 위하여 장수하기를 구하지 아니하며 부도 구하지 아니하며 자기 원수의 생명을 멸하기도 구하지 아니하고 오직 송사를 듣고 분별하는 지혜를 구하였으니 내가 네 말대로 하여 네게 지혜롭고 총명한 마음을 주노니 네 앞에도 너와 같은 자가 없었거니와 네 뒤에도 너와 같은 자가 일어남이 없으리라 내가 또 네가 구하지 아니한 부귀와 영광도 네게 주노니 네 평생에 왕들 중에 너와 같은 자가 없을 것이라"(왕상 3:11~13)

하나님은 솔로몬이 구한 듣는 마음을 '지혜'라고 말씀하십니다. 12절에도 지혜로운 마음으로 표현되어 있었습니다. 솔로몬이 지혜로운 듣는 마음을 구할 때 하나님께서는 기뻐하시며 부와 영광도 덤으로 주셨습니다.

도대체 듣는 마음이 무엇일까요? 킹 제임스 버전에는 'Understanding heart'이해하는 마음, NIV에는 'Wise and discerning heart'지혜롭고 분별하는 마음라 쓰여 있습니다. 솔로몬은 '하나님의 음성을 듣는 마음', '하나님의 뜻을 이해하는 마음', '하나님의 진리를 분별하는 마음'을 가지고 백성들을 다스리기를 원했던 것입니다.

이 단어가 성경의 다른 부분에는 '명철'로 표현되어 있습니다. 잠언 9장 10절은 "여호와를 경외하는 것이 지혜의 근본이요 거룩하신 자를 아는 것이 명철"이라고 말씀하십니다. '명철'이란 하나님의 뜻을 듣고 이해하는 마음입니다. 우리 모두 하나님의 뜻을 분별하는 명철한 사람이 되어야 할 것입니다.

여기서 솔로몬의 성장 배경을 살펴볼 필요가 있습니다. 목동 출신으로 교육을 많이 받지 못했던 선왕 다윗과 달리 솔로몬은 날 때부터 왕자였고 왕이 되는 수업을 받았던 사람입니다. 당시 최고의 제왕학을 배웠으니 왕이 될 충분한 지식을 갖추고 있었을 텐데, 왕이 된 직후에 하나님께 구한 것이 바로 하나님의 뜻을 듣는 마음이었습니다. 솔로몬의 바람은 이런 말로 풀어 쓸 수 있습니다.

"하나님, 제가 지금까지 세상 최고의 학문을 배웠습니다. 제왕학, 정치학을 다 배웠지만, 하나님의 지혜에 비하면 아무것도 아님을 압니다. 백성을 다스릴 때 하나님 뜻에 합당하게 정치를 할 수 있도록 하나님의 뜻을 알 수 있는 듣는 마음을 주십시오."

그러니 하나님께서 얼마나 기쁘셨겠습니까? '저놈 봐라, 이제까지 공부한 것을 다 버리고 내 말을 먼저 듣겠다고 하는구나!' 하고 기뻐하셨을 것입니다.

믿음의 선배들의 간증은 서로 상통합니다. 사도 바울도 비슷한 고백을 했습니다. 바울 또한 당시 최고의 학문을 쌓은 사람이었지만 세상의 모든 학문을 하찮은 배설물로 여기겠다고 했습니다. 세상의 학문이 필요 없다는 이야기가 아니라, 그리스도를 아는 지식이 가장 고상해서 하나님의 말씀을 우선하여 따라 살겠다는 간증입니다. 이것이 바로 기독교 세계관이 담긴 고백입니다. 그러니 하나님이 기뻐하실 수밖에 없던 것이지요.

하나님이 솔로몬에게 지혜로운 듣는 마음을 주셨다는 기록 바로 다음에 아기 엄마를 결정하는 재판 장면이 나옵니다. 지혜의 왕 솔로몬의 대표적인 예화입니다. 솔로몬이 하나님의 지혜를, 듣는 마음을 받았다는 증거로 지혜로운 재판 이야기를 소개한 것입니다.

하나님의 선물을 받은 후의 솔로몬의 태도 또한 주목해 볼 만합니다.

"솔로몬이 깨어 보니 꿈이더라 이에 예루살렘에 이르러 여호와의 언약궤 앞에 서서 번제와 감사의 제물을 드리고 모든 신하들을 위하여 잔치하였더라"(왕상 3:15)

솔로몬은 하나님께 감사의 제사를 드리고 신복들에게 잔치를 베풀었습니다. 솔로몬이 행한 이 두 가지 일이 하나님께서 재물을 주신 목적입니다. 즉 재물을 나와 가족을 위해서도 사용하지만, 더 나아가 하나님과 이웃을 위해 쓰라고 주신 것입니다. 재물을 주신 목적에 대해서는 다음에 다시 자세히 살펴보도록 하겠습니다.

그런데 불행하게도 솔로몬의 마지막은 좋지 않았습니다. 많은 이방 여인을 사랑하고 하나님이 주신 재물로 이방 신을 위한 신당을 지었기 때문입니다. 참으로 안타깝습니다. 솔로몬은 하나님의 선물로 재물을 받았지만, 이 재물이 하나님을 섬기는 데 걸림돌이 되어 버렸습니다. 재물의 양면성을 잘 보여 주는 사례입니다.

부의 근원을 안 아브라함

믿음의 조상 아브라함은 처음과 끝이 한결같습니다. 창세기를 보면 이렇게 나옵니다.

"아브람에게 가축과 은과 금이 풍부하였더라"(창 13:2)

아브라함이 큰 부자였다는 말입니다.

하나님께서 아브라함에게 복으로 주신 재물에 대해서는 창세기에서 만날 수 있습니다. 첫 번째 재물의 복은 12장에 소개되어 있습니다. 하나님께서 고향과 친척과 아버지의 집을 떠나 지시할 땅으로 가라고 말씀하실 때(창 12:1) 아브라함은 이 명령에 기꺼이 순종합니다. 하나님은 순종하는 그 모습을 보고 복을 주십니다.

"여호와께서 아브람에게 나타나 이르시되 내가 이 땅을 네 자

손에게 주리라"(창 12:7상)

좀 더 구체적인 내용이 창세기 13장에 나옵니다.

"롯이 아브람을 떠난 후에 여호와께서 아브람에게 이르시되 너는 눈을 들어 너 있는 곳에서 북쪽과 남쪽 그리고 동쪽과 서쪽을 바라보라 보이는 땅을 내가 너와 네 자손에게 주리니 영원히 이르리라"(창 13:14~15)

하나님께서 아브라함이 있는 곳에서 바라보는 땅을 다 주시겠다고 약속하셨습니다. 당시는 농경 사회였기 때문에 땅이 부의 원천이었습니다. 따라서 땅을 주시겠다는 것은 큰 부자가 될 것을 약속하신 것입니다. 지금으로 치자면 이런 이야기입니다. 제가 추석 다음날 어머님 댁 뒷산인 인왕산에 올라갔는데, 63빌딩과 강남이 다 보일 정도로 날씨가 쾌청했습니다. 그 자리에 하나님께서 나타나셔서 "너 있는 곳에서 동서남북을 바라보라. 보이는 땅을 다 네게 주리라"고 말씀하신 것과 같습니다. 그러면 서울 모든 땅이 제 차지가 되겠지요.

하나님께서 아브라함에게 재물의 복을 주신 비결은 무엇일까요? 창세기 13장 14절 말씀은 "롯이 아브람을 떠난 후에"로 시작합니다. 성경 말씀에는 의미 없이 기록된 구절이 하나도 없습니다. 그저 단순하게 기록된 것처럼 보이는 '떠난 후에'라는 구절이 복 받는 비결을 암시하고 있습니다.

그 전에 무슨 일이 있었습니까? 롯과 아브라함이 양떼가 많아졌습니다. 두 집 모두 양들이 많은 목축 부자가 된 것입니다. 그런데 각자의 양치기들이 자기 집 양들에게 물을 먹이려고 다투기 시작했습니다. 양이 몇 마리 없을 때는 우물 하나만 있어도 충분했는데, 많아지니 서로 다투게 된 거지요. 이것이 부자가 된 후에 나타나는 재물의 부정적인 문제입니다.

자꾸 부딪치자 아브라함이 롯을 불렀습니다. 롯은 아브라함의 손아래 조카입니다. 당시에는 손아랫사람을 인격적으로 대접하지 않았습니다. 아브라함이 아들 이삭을 칼로 죽여도 아무 문제가 되지 않던 시대였습니다. "야, 너 100리 밖으로 나가 버려! 조카라고 데려왔더니 이젠 우리 집에 대들어?" 이렇게 말해도 큰 문제가 되지 않던 시대입니다. 그런데 아브라함이 롯을 불러서 이렇게 말합니다.

"네 앞에 온 땅이 있지 아니하냐 나를 떠나가라 네가 좌하면 나는 우하고 네가 우하면 나는 좌하리라"(창 13:9)

아브라함이 좋은 땅을 먼저 차지하는 것이 당연한 시대였습니다. 그러나 아브라함은 그 권리를 조카에게 양보합니다. 조카가 좋은 땅을 차지하면 아브라함에게 남은 땅에 좋은 우물이 나오리라는 보장이 없습니다. 얼마나 힘든 양보입니까?

만약 지금 우리에게 "네가 원하는 땅을 줄 테니 선택해라. 강남 땅 차지할래, 강북 땅 차지할래?"라고 물으면 우리는 당연히 강남으로 간다고 하겠지요. 여기서 아브라함이 "네가 강남 땅

차지하면 난 강북으로 가고, 네가 강북으로 가면 난 강남으로 가
겠다"고 말하는 것입니다.

이에 롯이 요단 들판에 있는 소돔과 고모리를 보니 여호와의
동산 같고 애굽 땅과도 같았다고 합니다. 롯이 보기에는 소돔
과 고모라 성이 천국과 같았고, 애굽 땅이 그가 바라는 이상향이
었습니다. 이것이 롯의 세계관입니다. 그래서 롯은 자신의 눈에
천국같이 보이는 소돔 땅을 먼저 차지하고 떠났습니다.

롯이 떠난 후에 하나님께서 아브라함에게 나타나셨습니다.
아브라함이 조카 롯과의 재산 다툼에서 깨끗이 양보하는 모습을
보였을 때, 하나님께서 나타나셔서 12장에서 약속하신 땅을 보
여 주시며 재물의 복을 주신 것입니다.

아브라함의 관심은 땅과 재물에 있지 않았습니다. 하나님께
서 아브라함과 그 가족을 선하게 인도하실 것이라는 믿음이 있
었습니다. 그렇기에 좋아 보이는 땅을 롯에게 깨끗하게 양보할
수 있었을 것입니다. 이것이 아브라함이 하나님께 재물의 복을
받는 비결입니다.

그러면 아브라함은 재물의 복을 받은 후에 어떻게 반응했을
까요?

"이에 아브람이 장막을 옮겨 헤브론에 있는 마므레 상수리 수
풀에 이르러 거주하며 거기서 여호와를 위하여 제단을 쌓았더
라"(창 13:18)

먼저 하나님께 감사의 제단을 쌓았습니다. 하나님께 감사의 제사를 드렸던 솔로몬과 똑같지요? 아직 모든 땅의 소유권이 오기 전이었지만 하나님의 말씀을 믿고 감사드렸습니다. 그리고 유대인의 중심지인 헤브론으로 가게 됩니다.

재물에 관한 아브라함의 태도는 끝까지 깨끗합니다. 그 뒤에 롯이 북방 왕들에게 붙잡혀 간 사건이 발생합니다. 천국처럼 보이던 소돔에서 롯이 사로잡혀 간 것이지요. 이에 아브라함이 318명의 군사들을 데리고 쫓아가서 롯을 구해오고 전리품을 되찾아왔습니다. 그랬더니 소돔 왕이 전리품을 가져가라고 합니다(창 14:21). 아브라함이 싸워서 이겼으니 전리품을 차지하는 것은 당연한 일입니다. 그런데 아브라함은 실 한 오라기나 신발 끈 하나도 가지지 않겠다고 합니다(창 14:23). 재산을 가져갈 권리가 있음에도 가져가지 않겠다고 했습니다. 왜 그랬을까요?

"네 말이 내가 아브람으로 치부하게 하였다 할까 하여 네게 속한 것은 실 한 오라기나 들메끈 한 가닥도 내가 가지지 아니하리라"(창 14:23)

아브라함이 왜 거절했을까요? 전리품을 가져가면 소돔 왕이 나중에 '내가 아브람을 부자로 만들어 줬다'고 잘못 선전할 것 같아서 실오라기 하나도 가지고 가지 않겠다고 한 것입니다.

아브라함은 부의 원천이 소돔 왕이 아니라 하나님께 있다는 것을 분명히 알고 있었습니다. 우리는 '내가 다니는 회사의 사장이 월급을 올려주면 내가 부자가 되겠지'라고 생각합니다. 장사를 하는 사람이라면 '고객들이 내 물건을 많이 사주면 내가 부자가 되겠지'라고 생각합니다. 이것이 현대 마케팅 이론입니다. 그런데 아브라함은 하나님 덕분에 부자가 되었다는 말을 듣고 싶었던 것입니다. 즉 부의 근원이 하나님께 있음을 알고 있었던 것이지요. 아브라함은 부자가 된 후에도 끝까지 하나님 앞에 신실함을 유지하였습니다.

우리나라 속담에 '소부小富는 재근在勤이고, 거부巨富는 재천在天이다'라는 말이 있습니다. 아브라함이 소와 양을 키워 작은 부자가 된 것은 근면했기 때문입니다. 그런데 큰 부자가 된 것은 하나님께로부터 복을 받았기 때문입니다.

재물의 복을 받는 비결

솔로몬과 아브라함이 하나님으로부터 재물의 복을 받은 비결은 같습니다. 그들의 공통점은 물질에 마음을 두지 않았다는 것입니다. 이들은 하나님의 뜻에 관심을 가졌고 기꺼이 순종했습니다. 즉 재물에 대한 욕심을 버리고 마음을 비울 때 하나님께서 복을 주셨습니다. 이것은 역설적으로 보입니다. 성경에는 세상의 일반 상식과는 다른 역설적인 진리가 많습니다. 재물 욕심을 버릴 때 하나님께 재물의 복을 받습니다. 솔로몬과 아브라함이 먼저 구한 것은 하나님의 뜻이지 재물이 아니었습니다.

예수께서 하신 많은 설교 중에 핵심이 산상보훈입니다. 그중에 핵심 구절이 바로 이 말씀입니다.

"너희는 먼저 그의 나라와 그의 의를 구하라 그리하면 이 모든 것을 너희에게 더하시리라"(마 6:33)

백합을 입히시고 공중의 새를 먹이시는 하나님이 이 모든 것, 즉 먹고 입는 물질을 주신다는 말씀입니다. 이 말씀도 조건 있는 약속입니다. '먼저 그의 나라와 그의 의를 구하면' 모든 입을 것과 먹을 것을 공급하신다는 말씀이지요.

그렇다면 먼저 그의 나라와 의를 구하는 것이 무엇일까요? Living Bible에는 이렇게 표현되어 있습니다.

"Give Him the first place in your life!"

바로 우리 삶의 첫 번째 자리를 하나님께 드리는 것입니다.

저는 처음에 이 모든 것을 주신다는 말씀이 부자가 되는 것으로 생각했습니다. 그러나 이는 하나님께서 우리를 부자로 만들어 주신다기보다 일용할 양식을 부족함 없이 공급하신다는 약속으로 봐야 합니다. 먹을 것과 입을 것을 해결해 주신다는 뜻이지요. 그러므로 자유로운 공중의 새와 아름다운 백합화를 먹이시고 입히시듯 적절하게 의식주를 공급하시는 하나님께 감사하는 마음과 자족하는 마음을 가지는 것이 중요합니다. 이러한 삶이 솔로몬의 영광보다 더 행복한 삶이 될 것입니다(마 6:29).

하나님께서 복을 주실 때 반드시 재물로만 주시지는 않습니

• • • • • •

재물은 하나님의 복으로 누릴 수 있지만,
잘못 사용하면 하나님을 등지게 하는 우상이 될 수 있습니다.

다. 하나님의 복은 다양하게 주어집니다. 재물이 하나님의 복이 아니라는 사람도 있지만 저는 그렇게 생각하지 않습니다. 성경에는 분명히 물질이 하나님의 복으로 올 수 있다고 말씀합니다. 하나님의 복 중에 물질도 있다는 것을 부인할 수 없습니다.

그런데 부는 큰 위험성이 있다는 것도 명심해야 합니다. 다음으로 부의 부정적인 측면을 살펴보도록 하겠습니다.

부는 하나님을 등지는 우상이 될 수 있다

부는 하나님의 복이기도 하지만 부작용도 있습니다. 상반되는 양 측면이 있지요. 재물은 하나님의 복으로 누릴 수 있지만, 잘못 사용하면 하나님을 등지게 하는 우상이 될 수 있습니다. 그러므로 우리 영혼을 위협하는 부의 부정적인 측면을 아는 것이 중요합니다.

구약에서 긍정적인 측면인 '복으로서의 부'가 자주 언급되지만, 신약에는 부정적인 측면인 '우상으로서의 부'가 강조됩니다. 특히 신약에서 하나님께서 주시는 복이 물질보다 신령한 복을 강조하기 때문에 '복으로서의 부'가 약화된 것도 사실입니다. 그렇지만 '복으로서의 부' 자체가 없어졌다고는 보지 않습니다.

신약에는 물질적인 부의 위험성이 많이 강조되어 있습니다. 예수님은 재산이나 소유, 부 자체를 부정하지 않으셨지만, 그것이 가져올 수 있는 위험성과 기만성에 대해 계속 경고하십니다. 즉 부자가 되면 하나님을 등질 수 있는 위험성과, 돈을 벌면 인생이 모두 평안해진다고 착각하기 쉬운 기만성, 속임수를 말씀합니다. 우리는 이러한 속임수에 넘어가지 말아야 합니다.

어리석은 농부의 물질만능주의

누가복음 12장에 어리석은 부자 비유가 나옵니다.

"또 비유로 그들에게 말하여 이르시되 한 부자가 그 밭에 소출이 풍성하매 심중에 생각하여 이르되 내가 곡식 쌓아 둘 곳이 없으니 어찌할까 하고 또 이르되 내가 이렇게 하리라 내 곳간을 헐고 더 크게 짓고 내 모든 곡식과 물건을 거기 쌓아 두리라 또 내가 내 영혼에게 이르되 영혼아 여러 해 쓸 물건을 많이 쌓아 두었으니 평안히 쉬고 먹고 마시고 즐거워하자 하리라 하되 하나님은 이르시되 어리석은 자여 오늘 밤에 네 영혼을 도로 찾으리니 그러면 네 준비한 것이 누구의 것이 되겠느냐 하셨으니"(눅 12:16~20)

하나님은 이 부자를 향해 어리석은 자라고 하셨습니다. 그리고 그의 생명을 취하겠다고 말씀하셨습니다.

그런데 이 부자가 무슨 잘못을 범했을까요? 이 사람은 부정한 방법으로 돈을 번 것이 아니었습니다. 자기 땅에서 열심히 일해서 풍성한 소출을 얻었습니다. 물론 햇볕과 비를 주시고 열매를 키우신 하나님의 도우심이 있었겠지만, 그 소출은 본인 노력의 결과입니다. 그런데 하나님은 이 부자에게 어리석은 자라고 말씀하십니다. 왜 그렇게 말씀하셨는지 그 이유를 살펴보겠습니다.

"또 내가 내 영혼에게 이르되 영혼아 여러 해 쓸 물건을 많이 쌓아 두었으니 평안히 쉬고 먹고 마시고 즐거워하자 하리라 하되"(눅 12:19)

이 말씀이 참 묘합니다. 이 사람은 부자가 되면 영혼까지 평안히 쉬고 먹고 마시게 될 줄 알았습니다. 여러분은 어떻습니까? 부자가 되면 영혼이 평안해질 것으로 생각하십니까? 저는 아직도 무심결에 그렇게 생각할 때가 있습니다.

저는 어렸을 때 농촌에서 살았는데 집이 그리 넉넉하지 못했습니다. 제가 학교 반장이었는데, 그때 부반장이 연탄공장 사장 딸이었습니다. 학교에 가려면 꼭 그 집 앞을 지나야만 했습니다. 5월이 되면 담장 너머 장미 넝쿨이 가득했고, 집이 화려하고 커 보였습니다. 저는 그 아이가 참 부러웠습니다. 그 앞을 지날 때마다 '저런 집에 살면 얼마나 행복할까?' 하고 생각했습니다. 그런 집에 살면 영혼까지 행복할 것으로 생각하였습니다.

요즈음에도 비슷한 착각에 빠질 때가 있습니다. 더운 여름 달아오른 길을 땀을 뻘뻘 흘리며 걷는데, 검게 썬팅한 고급차가 지나가면 그 안은 얼마나 시원할까 쳐다보게 됩니다. 그 안에 탄 사람은 영혼까지 시원할 것 같다는 생각이 들기도 합니다.

이 부자는 물질만능주의에 빠진 현대인을 대변합니다. 이 사람은 재물이 풍성하면 영혼까지 평안할 줄 알았습니다. 돈만 있으면 뭐든지 해결된다고 생각했습니다. 물질만능주의가 무엇입니까? 돈으로 모든 것을 할 수 있다는 생각입니다. 우리는 하나님만 전지전능하신 분이라고 배웠는데, 이 시대는 돈이 전지전능하다고 가르칩니다. 이 부자는 물질이 많아져 영혼이 영원히 평안하리라 착각하고 있지만, 하나님께서 묻고 계십니다.

"내가 네 영혼을 찾으면 네 쌓아 놓은 재물이 누구의 것이 되겠느냐?"

하나님께서 우리 영혼을 부르실 때도 재물을 계속 내 것으로 가져갈 수 있겠습니까? 하나님은 이 부자의 물질만능주의 사고방식을 보시고 어리석은 사람이라 책망하신 것입니다.

이 부자가 어리석은 이유가 또 있습니다. 앞에 나온 부자의 중얼거림에서 가장 많이 나오는 단어가 바로 '나' 입니다. "내가 내 영혼에게 이르되", "내가 큰 곳간을 짓고", "내 모든 곡식과 물건" 등등, '나'라는 단어가 여섯 번이나 반복적으로 등장합니다. 정당한 방법으로 돈을 벌었지만 자기만을 위해 쓰려고 한 것이 문제였습니다.

하나님은 우리가 어떻게 벌었느냐도 관심을 가지시지만 번 돈을 어떻게 썼느냐도 평가하십니다. 이 부자는 재물을 자기 생각대로, 자기만을 위한 자기 곳간을 지어 쌓아 놓고 자기만을 위하여 쓰려고 했던 것입니다. 하나님께서 그 이기적인 생각을 꾸짖으셨습니다. 그리고 예수님의 뜻을 잘 이해하지 못하는 우리를 위해 다시 설명하셨습니다.

"자기를 위하여 재물을 쌓아 두고 하나님께 대하여 부요하지 못한 자가 이와 같으니라"(눅 12:21)

부에 얽매인 젊은 관원

누가복음 18장에는 부자 관원의 이야기가 나옵니다. 12장은 비유지만 18장은 실화입니다. 부자 관원 이야기는 세 공관복음, 즉 마태복음, 마가복음, 누가복음에 자세히 나옵니다. 그 이유는 이 사건이 제자들에게도 충격적이었기 때문입니다. 마태복음에는 제자들이 놀라서 소리쳤다고 기록합니다.

"제자들이 듣고 몹시 놀라 이르되 그렇다면 누가 구원을 얻을 수 있으리이까"(마 19:25)

누가복음을 보겠습니다.

"어떤 관리가 물어 이르되 선한 선생님이여 내가 무엇을 하여야 영생을 얻으리이까 예수께서 이르시되 네가 어찌하여 나를 선하다 일컫느냐 하나님 한 분 외에는 선한 이가 없느니라 네가 계명을 아나니 간음하지 말라, 살인하지 말라, 도둑질하지 말라, 거짓 증언 하지 말라, 네 부모를 공경하라 하였느니라 여짜

오되 이것은 내가 어려서부터 다 지키었나이다"(눅 18:18~21)

먼저 이 청년이 어떤 사람인가 한번 살펴봅시다. 이 사람은 관원입니다. 지금으로 말하면 고등고시에 합격하고 관직에 있는 사람입니다. 그 정도 자리에 있으려면 학식도 있어야겠지요? 지금으로 말하면 명문 대학을 나왔을 것입니다. 그리고 부자라고 되어 있습니다. 그뿐만 아니라 어렸을 때부터 성경에 나오는 계명을 잘 지켰던, 적어도 외적으로는 경건한 명문가 자제였습니다. 게다가 젊기까지 하고 부족한 것 없는 청년이었습니다. 이 정도 신랑감이면 괜찮겠지요? 부자이고 학식 있고 사회적 지위도 있는 신앙 명문가 집안의 아들입니다. 예루살렘에서 1등 신랑감이었을 것입니다. 그 사람이 명문가인 것은 제자들과 예루살렘 사람들도 다 알고 있었으리라 생각합니다.

이 유망한 청년이 예수님 앞에 나와서 누가 구원을 얻을 수 있는지 묻습니다. 왜 물었을까요?

"자네야말로 구원 얻을 만한 사람이지."

이런 대답을 듣고 싶었을 것입니다. 예수님이 계명 이야기를 하자 그런 것은 어렸을 때부터 다 지켰다고 자랑하며 교만함을 보입니다.

"아직도 무엇이 부족하니이까"(마 19:20하)

그런데 예수께서 뭐라고 하십니까?

"예수께서 이 말을 들으시고 이르시되 네게 아직도 한 가지 부족한 것이 있으니 네게 있는 것을 다 팔아 가난한 자들에게 나눠 주라 그리하면 하늘에서 네게 보화가 있으리라 그리고 와서 나를 따르라 하시니"(눅 18:22)

좀 이상합니다. 모든 것을 완벽하게 갖춘 청년에게 예수님은 오히려 한 가지 부족한 것이 있다고 하시며 가진 것을 다 팔아 가난한 자들에게 나눠주라 하십니다.

이것이 무슨 뜻일까요? 풀어서 말하면 이렇습니다. 이 사람이 외적으로는 다 갖추었습니다. 사회적 도덕적 규범을 잘 지켰기에 겉으로는 경건해 보이는 사람이었습니다. 그런데 예수님은 마음속에 '돈에 대한 탐욕'이 자리하고 있는 것을 보셨습니다. 즉 '부에 대한 의존'이 문제였지요.

외적으로는 하나님을 열심히 믿고 헌금도 많이 했을 것입니다. 그렇지만 돈에 대한 의존성이 너무 강했습니다. 예수님이 봤을 때 이것이 그 사람의 심각한 병이었습니다. 이 사람은 가진 재산을 다 팔아 나눠주어야 돈 욕심 병이 치료될 수 있을 정도로 마음속에 돈독이 심히 올라 있었던 것입니다.

예수께서 그 청년의 속마음 상태를 간파하신 것입니다. 그래서 재산을 다 팔아 나눠주라고 명령하셨습니다. 이러한 명령은 제자들에게도 큰 충격이었습니다. 여러분에게 "너 가진 것을 다 팔아 나눠주라!"고 말씀하시면 어떻겠습니까? 저에게 이런 말씀을 하시면 솔직히 자신이 없습니다. 이 사람만큼 부자는 아니어도 내 아파트를, 내 자동차를 어떻게 팔라는 말입니까? 자신 없습니다. 제자들도 자신이 없었을 것입니다. 그래서 놀랐던 것입니다.

누가복음 18장 23절에 "그 사람이 큰 부자이므로 이 말씀을 듣고 심히 근심"했습니다. 마가복음에는 "슬픈 기색을 띠고 근심하며 가니라"(막 10:22하)고 기록되어 있습니다. 예수님을 좇을 것이냐, 재물을 좇을 것이냐 하는 선택의 기로에서 이 사람은 예수님을 좇지 못하고 재물을 좇아갔습니다. 예수께서 그런 그를 보고 말씀하셨습니다.

"예수께서 그를 보시고 이르시되 재물이 있는 자는 하나님의 나라에 들어가기가 얼마나 어려운지 낙타가 바늘귀로 들어가는 것이 부자가 하나님의 나라에 들어가는 것보다 쉬우니라 하시니"(눅 18:24~25)

이 장면을 보고 있던 사람들은 몹시 놀랐습니다.

"듣는 자들이 이르되 그런즉 누가 구원을 얻을 수 있나이까"(눅 18:26)

정말 충격을 받은 것은 예수님을 가까이 모시던 제자들입니다.

"제자들이 듣고 몹시 놀라 이르되 그렇다면 누가 구원을 얻을 수 있으리이까"(마 19:25)

제자들은 '저렇게 훌륭한 청년이 구원받기 어렵다'라는 데에 놀랐고, 모든 재산을 다 팔라는 데에 충격을 받았을 것입니다.

하지만 예수님은 모든 부자에게 재산을 다 팔아서 나눠주라고 명령하지 않으셨습니다. 예를 들어 예수님의 시신을 거두었던 아리마대 요셉은 부자였지만 그에게 재산을 팔라고 말씀하시지 않았습니다. 니고데모도 관원이고 부자였지만 예수님을 섬겼습니다.

이 부자 관원의 이야기는 예외적인 사건입니다. 이 청년에게만 유독 재산을 다 팔고 따르라고 하신 이유는 마음속에 부에 대한 신뢰와 의존이 지나치게 강했기 때문입니다. 재물을 주신 분인 하나님보다 재물을 더 신뢰했기 때문이지요.

부의 허망함을 알았던 삭개오

다음 장 누가복음 19장에는 삭개오 이야기가 나옵니다.

"예수께서 여리고로 들어가 지나가시더라 삭개오라 이름하는 자가 있으니 세리장이요 또한 부자라 그가 예수께서 어떠한 사람인가 하여 보고자 하되 키가 작고 사람이 많아 할 수 없어 앞으로 달려가서 보기 위하여 돌무화과나무에 올라가니 이는 예수께서 그리로 지나가시게 됨이러라"(눅 19:1~4)

질문을 하나 드리겠습니다. 삭개오가 왜 나무에 올라갔을까요? 키가 작아서 그랬다고요? 현상적인 해석은 맞습니다. 키가 작아서 올라갔을 겁니다. 그런데 삭개오는 어른입니다. 어른이 창피하게 어떻게 돌무화과나무에 올라갑니까? 어른인 삭개오가 창피함을 무릅쓰고 나무에 올라간 이유를 추측해 볼까요?

삭개오는 옛날 우리나라로 말하자면 상놈 출신인데 돈을 많이 벌어서 양반 신분을 산 사람으로 보입니다. 더군다나 세리장으로 남들에게 욕먹어 가면서 돈을 벌었습니다. 당시 세리장은 돈을 걷어서 일정 부분만 납부하면 나머지는 자신의 몫이 되기 때문에 악착같이 돈을 뜯어서 자기 수입을 늘렸습니다. 정당하지 못한 방법으로 부자가 된 셈이지요.

일반적으로 상놈이었다가 양반이 된 사람은 절대 상놈 시절에 하던 짓을 하지 않습니다. 그런 사람이 나무에 올라가면 사람들이 "저 사람, 원래 상놈이니까 저래!" 하면서 손가락질할 것이고, 그런 소리가 듣기 싫으니 함부로 옛날의 허접한 행동을 하지 않습니다. 그렇기에 삭개오도 나무에 올라가기가 쉽지 않았을 것입니다. 그런데 그 창피를 무릅쓰고 왜 올라갔을까요?

삭개오는 아마 너무 가난한 집에서 태어나서 어렸을 때부터 부자들을 부러워하면서 자랐을 것입니다. '나도 부자가 되어야지'라고 생각하면서 살았겠죠. 부자가 되면 영혼까지 평안해질 줄 알고 악착같이 돈을 모아서 성공했습니다. 소원대로 부자가 되었습니다. 그런데 부자가 되니 괴로운 일들이 생겨나기 시작했습니다. 모든 사람들이 삭개오를 경멸하고 상대해 주지 않았습니다.

제가 볼 때 삭개오는 외롭고, 또 인간적으로 비참한 처지가 된 것 같습니다. 어쩌면 우울증에 걸려 몇 번 자살을 시도하다 겨우 목숨만 건져서 살고 있었을 겁니다. 그런데 어느 날 마음과 육체의 모든 병을 고친다는 예수님이 오신다는 소문을 듣게 되었습니다. 우울한 마음을 치료받으려고 그분을 한번 만나보려고 왔는데 사람들이 너무 많아 다가갈 수 없습니다. 돌아갈까 하다가 도저히 허무함을 돌이킬 수 없어서 창피함을 무릅쓰고 돌무화과나무에 올라간 것입니다. 이것이 바로 잘못된 부자들의 마음속에 있는 헛헛함입니다.

제가 아는 분에게 들은 이야기입니다. 평생 가난한 사람들만을 위해 살겠다고 하나님 앞에 다짐한 목사님이 계셨습니다. 판자촌에서 그분 등에 죽어간 사람이 한두 명이 아니었습니다. 목사님이 위급한 환자를 업고 병원으로 뛰어가는 동안에 그분들이 돌아가신 거지요.

그러던 중에 목사님의 훌륭하신 명성을 듣고 부자들에게서 만나 뵙자고 연락이 왔습니다. 처음에는 이렇게 말하며 거절했습니다.

"당신들은 위로해줄 사람도 많고, 나는 가난한 사람들만을 위해서 살기로 했으니 못 갑니다."

그런데 주위 원로 목사님들이 그 부자들도 필요하여 만나고 싶어 하는 것이 아니겠냐고 권해서 한번 만나러 나갔습니다. 가서 보니 그 사람들만큼 불쌍하고 외로운 사람들이 없다는 생각이 들었답니다. 주변에는 돈 때문에 붙어 있는 사람들뿐이고, 진정한 친구, 정을 나눌 수 있는 가족이 없어 너무 외로워 하더 랍니다. 그래서 그 목사님은 '밥을 못 먹어서 생긴 병은 밥을 먹 으면 다 낫는데, 밥을 너무 많이 먹어서 생긴 병은 약이 없더라' 고 생각하셨답니다. 이렇듯 삭개오도 잘못된 부자들의 공허함을 대변해 주는 표상입니다.

"예수께서 그 곳에 이르사 쳐다 보시고 이르시되 삭개오야 속 히 내려오라 내가 오늘 네 집에 유하여야 하겠다 하시니 급히 내 려와 즐거워하며 영접하거늘 뭇 사람이 보고 수군거려 이르되 저가 죄인의 집에 유하러 들어갔도다 하더라"(눅 19:5~7)

삭개오가 얼마나 나쁜 사람이었던지 예수님이 그 집에 들어 가는 것만 보고도 사람들이 수군거립니다. '아니, 예수님 같은 인격자가 저런 나쁜 놈 집에 들어가서 편을 들다니!'라고 생각한 듯합니다. 삭개오는 그 정도로 인심을 잃은 사람이었습니다. 누 가복음 18장에 나오는 부자 관원과 대조되는 인물이지요.

그런데 예수님을 만난 후에 삭개오가 한 고백을 들어 보십 시오.

"삭개오가 서서 주께 여짜오되 주여 보시옵소서 내 소유의 절 반을 가난한 자들에게 주겠사오며 만일 누구의 것을 속여 빼앗 은 일이 있으면 네 갑절이나 갚겠나이다"(눅 19:8)

이 고백을 들은 예수께서 말씀하셨습니다.

"오늘 구원이 이 집에 이르렀으니 이 사람도 아브라함의 자손임이로다"(눅 19:9)

예수님이 삭개오에게 아브라함의 자손, 하나님의 자녀라고 선언하십니다. 삭개오는 앞에 나온 부자 관원과는 비교될 수 없는 사람이었습니다. 부자 관원은 평판이 좋은 경건해 보이는 사람이었고, 삭개오는 비난받던 죄인이었습니다. 그렇지만 부자 관원은 떠났고, 삭개오는 예수님을 영접하여 아브라함의 자손이라고 인정받았습니다. 삭개오를 괴롭히던 우울증은 그 자리에서 깨끗하게 치유되었을 것입니다.

예수님은 삭개오에게 전 재산을 팔라고 하지 않았습니다. 왜 그러셨을까요? 그는 구원받기 전에 죄에 젖은 삶을 살았지만, 예수님을 영접한 후 180도 달라졌습니다. 소유의 절반을 가난한 자들에게 나눠주겠다 하고 누구의 것을 속여 빼앗은 일이 있으면 네 배나 갚겠다고 합니다. 삭개오는 이제까지 자신을 사로잡고 있던 물질주의에서 해방되었습니다. 그렇기에 전 재산을 팔 필요가 없습니다. 삭개오는 삶을 180도 유턴 U-turn 한 전형적인 회개의 표본입니다. 이것이 돈지갑 회개의 모습입니다.

예수님은 마음의 중심을 보십니다.

돈을 사랑하는 마음이 문제

부에 대한 그릇된 태도는 영적인 생활에 매우 위험할 수 있습니다. 이는 사도 바울의 서신서에도 강조되고 있습니다.

"돈을 사랑함이 일만 악의 뿌리가 되나니"(딤전 6:10상)

돈이 아니라 '돈을 사랑하는 마음'이 일만 악의 뿌리입니다. 즉 문제가 되는 것은 재물 자체가 아니라 재물을 의지하는 마음입니다. 그 뒤의 말씀이 아주 기가 막힙니다.

"이것을 탐내는 자들은 미혹을 받아 믿음에서 떠나 많은 근심으로써 자기를 찔렀도다"(딤전 6:10하)

돈을 탐내는 자들이 미혹을 받아 믿음에서 떠났다고 말씀합니다. 성도들 중에도 가난할 때는 의지할 곳이 없으니 하나님만 열심히 의지하고 믿다가, 부자가 되면 교회를 떠나는 경우가 있습니다. 부자가 되니 하나님이 필요 없다는 생각에 미혹된 것입니다. 그 후 많은 근심의 고통을 당하게 되는 것이지요.

성경은 부가 단순히 위험할 뿐만 아니라 우상이 될 수도 있다고 말씀합니다.

"한 사람이 두 주인을 섬기지 못할 것이니 혹 이를 미워하고 저를 사랑하거나 혹 이를 중히 여기고 저를 경히 여김이라 너희가 하나님과 재물을 겸하여 섬기지 못하느니라"(마 6:24)

예수께서는 '부자가 하나님 나라에 들어갈 수 없다'고 하지 않았습니다. '들어가기가 어렵다'고 했습니다. 그런데 "하나님과 재물을 겸하여 섬기지 못하느니라"고 하신 말씀에 주목해야 합니다. 여기서 재물은 영어 성경에 맘몬 Mammon 으로 표현되어 있습니다. 맘몬은 탐욕을 상징하는 악마입니다. 성경은 이렇게 말씀하십니다.

"하나님과 재물의 우상을 겸하여 섬기지 못한다. 둘 중의 하나를 선택하라!"

우리는 성경이 말씀하는 부의 긍정적인 측면과 부정적인 측면을 균형 있게 이해해야 합니다. 부는 하나님의 복으로 올 수도 있지만, 하나님을 등지게 하는 우상이 될 수도 있습니다.

그런데 왜 이런 상반된 속성이 존재할까요? 잠언 말씀을 들어보십시오.

"여호와께서 주시는 복은 사람을 부하게 하고 근심을 겸하여 주지 아니하시느니라"(잠 10:22)

근심은 하나님으로부터 온 것이 아니라 우리의 욕심에서 오는 것입니다. 부가 하나님께서 주시는 복이지만, 우리의 욕심 때문에 근심이 되는 것입니다. 그러므로 하나님께서 주신 재물을 대할 때 가진 자의 권리뿐만 아니라 대신 맡은 자 곧 청지기로서 자세를 생각해야 합니다. 부의 복만을 추구하거나 많으면 좋다고만 생각할 것이 아니라, 재물의 물신적인 부작용에 대해 늘 민감하게 살펴야 합니다.

신명기 28장 1절부터 14절까지는 하나님의 계명에 순종하는 자에게 주시는 복에 관한 말씀이지만, 15절부터 68절까지는 불순종하는 자에게 내리는 저주에 관한 말씀입니다. 28장 전체에서 5분의 1은 순종하는 자에게 주시는 복을, 나머지 5분의 4는 불순종하는 자에게 따르는 저주를 말씀합니다. 왜 불순종의 결과인 저주를 더 많이 말씀하셨을까요? 그 이유는 우리가 불순종하게 될 가능성이 훨씬 크기 때문입니다. 그러므로 늘 우리가 불순종하고 있지 않은지 스스로 조심하고 경계해야 합니다.

예수 믿으면 부자 된다?!

이제 하나씩 정리해 봅시다. 앞에서 신실한 자가 받는 복으로서의 부와 그 부작용에 대해 말씀드렸습니다. 이제 다른 질문을 드리겠습니다. 신실한 자는 항상 부자가 될 수 있을까요? 소위 "예수 믿으면 부자 된다"라는 말이 맞는 말일까요? 정답부터 말씀드리겠습니다. 하나님 앞에 신실하다고 모두 부자가 되는 것은 아닙니다.

하나님 앞에 충성하기만 하면 부자가 된다고 가르치는 곳도 있습니다. 사회주의 국가에 있는 한 신학교에서 재물관에 대해 특강을 한 적이 있습니다. 그때 김일성대학을 나온 후 목회자로 헌신한 여성분이 통역해 주었습니다. 강의 중에 하나님을 믿는다고 다 부자가 되는 것은 아니라고 했더니 웅성거리기 시작했습니다. 그 말이 사실이냐고 묻기에 하나님이 주시는 복으로 부자가 되기도 하지만, 믿는다고 꼭 부자가 되는 것은 아니라고 말해 주었습니다.

물론 하나님을 믿고 부자가 될 수 있습니다. 그렇지만 충성한다고 무조건 부자가 되는 것은 아닙니다. 예수님을 믿는 사람이 누구나 부자가 된다면 예수님은 세계 최대 재벌로 부상하셨을 것입니다. 예수님은 하나님의 아들이니 제외한다 해도, 사도 바울은 부자였습니까? 구약의 선지자들은 부자였습니까? 신실한 여러분은 왜 부자가 되지 못했습니까? 예수님을 믿으면 모두 부자가 된다는 말은 사실이 아닙니다. 이런 현세적인 기복신앙에 속으면 안 됩니다.

물질을 주시지 않는 이유

앞에서 부자가 되는 비결을 말씀드리겠다고 한 바 있습니다. 하나님의 복으로 부자가 되는 비결 중에 제가 지금까지 찾아낸 것은 두 가지입니다. 첫째, 하나님 앞에 신실해야 합니다. 이것은 필요조건이지 충분조건은 아닙니다. 둘째, 물질을 하나님의 뜻에 합당하게 잘 쓸 수 있다고 하나님께 인정받아야 합니다. 즉 물질 시험을 통과해야 합니다.

우리는 '나는 하나님 앞에 신실한데, 왜 내게 물질의 복을 주지 않으실까?' 그런 생각이 들 때가 있습니다. "하나님, 저는 예배도 빠지지 않고 교회에서 여러 가지로 봉사도 많이 하고 있는데 왜 부자가 되지 않나요? 뺀질뺀질한 저 형제는 어째서 저렇

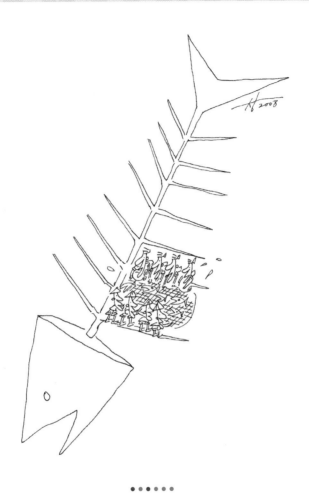

• • • • • •

하나님께서 우리에게 재물의 복을 보류하시는 이유는
우리를 사랑하시기에 재물을 관리할 능력을 갖출 때까지
기다리는 것일 수 있습니다.

게 돈을 많이 버는 걸까요? 예수 믿는 저는 부자가 못 되는데, 왜 예수 안 믿는 사람이 부자가 됩니까?" 하는 불평이 생기기도 하지요.

왜 그런지 한 번 생각해 봅시다. 우리는 하나님의 자녀이기 때문에 항상 자녀의 처지에서 "이것 주세요, 저것 주세요" 요구만 합니다. 그리고 원하는 대로 응답해 주시지 않으면 하나님이 듣지 않으신다고 투정하곤 합니다.

그런데 이제 자리를 바꾸어 하나님 편에서 생각해 봅시다. 하나님의 넓은 마음, 그 사랑을 어떻게 알겠습니까? 하나님의 사랑을 이해하려면 우리가 아는 가장 고상한 사랑을 생각해 보면 조금 짐작할 수 있습니다. 바로 부모와 자식 간의 사랑이지요.

아이를 낳아 봐야 부모의 마음을 압니다. 저희 어머니는 연세가 많으시지만 지금도 저보다 훨씬 더 마음을 많이 쓰십니다. 제가 돈도 벌고 더 건강하니 어머니께 드리는 것이 더 많아야 할 텐데, 아직도 어머니가 저한테 해주시는 것이 훨씬 많습니다. 그런 것입니다. 자식이 아무리 효도하려 애써도 부모님의 사랑을 따라가지 못합니다. 부모가 되고 보니 하나님의 마음을 조금이나마 짐작할 수 있는 것 같습니다.

자녀들을 키우면서 이것저것 속 썩는 일이 많습니다. 저는 사춘기를 험하게 겪지 않아서 왜 그 시기를 질풍노도의 시기라고 하는지 잘 몰랐는데, 아들의 사춘기를 보면서 조금 알게 되었습니다. 하지만 아들이 속을 썩여도 밉지 않습니다. 여드름이 덕지덕지 나 있고 걸걸한 목소리로 대들 때도 있지만 예쁘게 보입니다. 물론 성질나고 싫을 때도 있지만 눈에 넣어도 아프지 않은 것이 자식입니다.

그런 자식이기에 아들이 "아빠, 돈 좀 주세요." 하면 1~2만 원 정도는 쉽게 용돈으로 줄 수 있습니다. 그런데 "돈 천만 원만 주세요." 혹은 "일억 원을 미리 증여해 주세요."라고 한다면 주지 않을 것입니다. 왜냐하면 아이에게 천만 원을 주면 잘 활용하기보다 문제를 일으킬 가능성이 크기 때문입니다. 그 돈 때문에 타락하게 됩니다. 어린아이가 돈을 관리할 능력이 없으니 주지 않는 것이지요.

그런데 자식한테 무턱대고 돈을 주는 실수를 한 아빠가 성경에 있습니다. 탕자의 비유에 등장하는 아버지입니다. 물론 그 아버지는 기다렸고, 둘째 아들은 회개하고 집으로 돌아왔습니다. 부모는 자식이 아무리 사춘기를 험하게 보내도 기다려 줍니다. 기도하고 기다리면 다 돌아오게 되어 있습니다.

하나님은 돈이 없는 분이 아닙니다. 돈 천만 원, 일억, 백억, 천억을 떼어 준다고 형편이 어려워질 분도 아닙니다. 하늘 창고는 넘치도록 풍족합니다. 더욱이 하나님은 그 자녀에게 모든 좋은 것을 주고 싶은 마음으로 가득 찬 분입니다.

"여호와께서 주시는 복은 사람을 부하게 하고"(잠 10:22상)

이것이 하나님의 마음입니다. 내가 엄청나게 충성해서 주시는 것이 아닙니다. 하나님 보시기에 우리가 그냥 예쁜 것입니다. 작은 일만 해도 예쁩니다. 우리 아이가 자식이어서 예쁜 것처럼 하나님께도 우리가 하나님의 자녀이니 예쁜 것이지요. 아이가 윙크만 해도 부모는 자지러집니다. 별것도 아닌데 부모들은 행복해집니다. 부모도 그러한데 하나님은 오죽하시겠습니까? 작은 일이더라도 우리가 주님께 충성을 보이면, 하나님께서 크게 기뻐하실 것입니다. 그냥 예뻐서 다 주고 싶으실 것입니다. 오죽하면 아들까지 내어 주셨겠습니까?

그런 분이 나에게 재물을 주시지 않는 이유는 우리에게 문제가 생길 가능성이 있기 때문입니다. 관리할 능력이 없는데 재물이 주어지면 타락할 수 있습니다. 내가 약해서 재물의 유혹에 넘어질 가능성이 크지요. 그러므로 하나님께서 우리에게 재물의 복을 보류하시는 이유는 우리를 사랑하시기에 재물을 관리할 능력을 갖출 때까지 기다리는 것일 수 있습니다. 이러한 하나님의 마음을 깨닫게 되면 우리는 재물에 대한 갈망으로부터 근본적인 자유로움을 누릴 수 있습니다.

따라서 하나님께로부터 재물의 복을 받는 비결은 적어도 두가지 조건을 만족시켜야 한다고 생각합니다. 하나님 앞에 신실한 그리스도인이 되어야 하며, 하나님 뜻에 맞게 재물을 잘 쓰고 타락하지 않을 것이라는 인정을 받아야 합니다. 이 물질 시험을 통과한 신실한 자녀에게는 하나님께서 풍족히 부어 주실 것입니다. 아브라함도 그랬습니다. 하지만 솔로몬은 중간에 이 시험에서 실패했음을 명심하시기 바랍니다.

필요를 채워 주시는 하나님

하나님께 신실한 사람이 반드시 부자가 되지는 않는다고 말씀드렸습니다. 그러나 하나님은 당신의 자녀들을 굶기신 적이 없습니다. 다윗은 이렇게 고백합니다.

"내가 어려서부터 늙기까지 의인이 버림을 당하거나 그의 자손이 걸식함을 보지 못하였도다"(시 37:25)

구약 시대 선지자 중 굶어 죽은 사람이 있습니까? 순교하신 분은 많지만 굶어 돌아가신 분은 한 분도 없습니다. 하나님은 절대로 하나님의 일꾼을 버려 두지 않으십니다. 구약에서는 굶는 것이 밥을 먹는 것보다 쉬웠습니다. 가뭄이 반복적으로 일어났기 때문입니다. 구약의 선지자들이 재산이 있었습니까, 집이 있었습니까? 제가 볼 때는 기근에 죽을 확률이 가장 높은 분들이 선지자들입니다. 그런데, 한 사람도 굶어 죽은 분이 없습니다.

열왕기상 17장에 보면, 하나님은 3년 반 가뭄 동안 그릿 시냇가에서 까마귀를 통해 엘리야를 먹이셨습니다. 엘리야는 나중에 광야에 가서 사르밧 과부를 만나는데, 생전 처음 만났음에도 도움을 요청합니다.

"먹을 것이 좀 있습니까?"

"가루 한 움큼과 기름이 조금 있는데 이것으로 떡을 해 먹고 아들과 함께 죽을 것입니다."

그 과부에게 가루가 두 움큼 있었는데 한 움큼으로 떡을 지어 아침 식사를 하고, 이제 마지막 남은 한 움큼으로 점심을 먹고 죽는다는 이야기일까요? 아닙니다. 당시에는 굶어 죽는 것이 흔했기 때문에 매끼를 챙겨 먹지 못했고, 기근에 견디는 요령을 알고 있었을 것입니다. 아마 오래전에 한 번 먹고 2주나 3주 동안 굶었을 것입니다. 양식이 언제 생길지 모르니 매끼 먹을 수 없지요. 한 끼를 해결하고 열량이 소모될까 봐 움직이지도 않고 누워 있었을 것입니다. 그러다가 2~3주가 지나서 숨이 넘어가기 직전에 한 움큼 남은 가루를 먹고 마지막으로 버티는 것입니다. 더 먹을 게 없으면 이제는 굶어 죽는 것이지요.

지금 2~3주 굶은 과부의 눈에 떡이 왔다 갔다 할 텐데, 이상한 사람이 와서 떡을 달라고 합니다. 세상에 이런 사람이 어디 있습니까? 잘못하면 맞아 죽을 일이지요. 그런데 과부는 이 사람이 하나님의 사자인 것을 알아보고 떡을 줍니다. 그랬더니 가루가 떨어지지 아니하고 기름이 없어지지 아니하는 복을 받습니다(왕상 17:16).

재물의 복은 엘리야가 아니라 사르밧 과부가 받았습니다. 엘리야는 부자가 못 되었습니다. 물질 시험에 통과하지 않았을 수도 있고, 사역할 때 돈이 많아지면 거추장스러워질지 모르니 안 주셨을지도 모릅니다. 아무튼 사르밧 과부는 물질 시험에 합격했습니다. 왜냐하면 하나님의 사자를 먼저 대접했기 때문입니다. 그래서 일용할 양식을 풍성하게 받았습니다.

"너희는 먼저 그의 나라와 그의 의를 구하라 그리하면 이 모든 것을 너희에게 더하시리라"(마 6:33)

이 말씀은 예수님 당시에도 진리이고, 그 옛날 엘리야 시대에도 진리이며, 지금도 진리입니다. 들에 핀 백합화를 입히시는 하나님, 날아다니는 새를 먹이시는 하나님께서 우리에게 일용할 양식을 공급해 주십니다. 하나님은 우리의 기본적인 필요를 외면하지 않으십니다.

그중에 물질 시험에 합격하면 재물 얻을 능력이 생긴다고 생각합니다. 《깨끗한 부자》규장를 쓰신 김동호 목사님은 이것을 은사, 즉 하나님의 선물로 표현하셨는데, 맞는 말씀입니다.

성경이 말하는 재물관을 살펴보았습니다. 재물은 우리가 하나님께서 하라고 하신 일을 하는 과정에서 얻는 부가적인 선물입니다. 제가 하나님께 신실하다고 반드시 부자가 되는 것은 아니라고 말씀드렸지만, 하나님께 충성하는 사람은 반드시 상급을 받습니다. 그러나 이 상급이 현세적인 물질이나 출세만을 의미하지는 않습니다. 하나님은 우리에게 물질뿐 아니라 영원한 상급을 주십니다. 하나님은 우리에게 후한 상을 주시는 분이십니다.

"믿음이 없이는 하나님을 기쁘시게 하지 못하나니 하나님께 나아가는 자는 반드시 그가 계신 것과 또한 그가 자기를 찾는 자들에게 상 주시는 이심을 믿어야 할지니라"(히 11:6)

한 번
더
생각해
보기

1. 하나님께서 솔로몬에게 하신 것처럼 당신에게 "네게 무엇이든 줄 테니 구하라"고 하신다면 무엇을 구하겠습니까? 그 이유는 무엇입니까?

2. 신명기 2장과, 솔로몬, 아브라함을 통해 하나님의 복으로서 부를 얻는 비결을 배울 수 있습니다. 그들이 재물의 복을 받은 비결은 무엇이었나요?

3. 어리석은 부자와 부자 관원에게서 찾아볼 수 있는 부의 부작용은 무엇입니까? 우리 삶 속에서 그런 부분은 없었는지 생각해 봅시다.

4. 하나님의 복으로서 부자가 되는 두 가지 또는 그 이상의 조건은 무엇인가요? 우리 삶 속에 어떻게 적용할 수 있을까요?

5. 마태복음 6장 19~34절을 주의깊게 읽고 하나님께서 말씀해 주시는 바를 적어 봅시다. 그리고 내 삶에 어떻게 적용할 수 있을지 하나님께 구하십시오.

6. 이번 주에 실천해야 할 경제적 의사결정은 무엇인지 구체적으로 써 봅시다.

돈이 주는
영적 풍성함을 누리려면?

하나님은 풍족하게 맡기셨다

마태복음 25장에 나오는 달란트 비유는 청지기 원리를 설명하고 있습니다. 청지기 원리는 성경적 경제 원리를 설명하는 중요한 비유입니다. 14절을 보겠습니다.

"또 어떤 사람이 타국에 갈 때 그 종들을 불러 자기 소유를 맡김과 같으니"(마 25:14)

이 말씀을 보면 소유의 주인이 따로 있음을 알 수 있습니다. 이 세상 모든 만물의 주인이 누구입니까? 하나님이십니다.

'믿음이란 무엇인가', '믿는다는 것이 무엇인가'에 대해 교회에서 설교한 적이 있습니다. 믿는다는 것은 내 인생의 주인이 내가 아니라 하나님이심을 고백하는 것에서 출발합니다. 모든 의사결정을 내 생각대로가 아니라 하나님의 말씀대로 하는 것이지요. 이렇게 말하기는 쉬워도 그것을 삶에서 인정하며 살기는 쉽지 않습니다. 성경은 모든 만물의 주인이 이를 처음 만드신 하나님이심을 말씀하고 있습니다.

"태초에 하나님이 천지를 창조하시니라"(창 1:1)

"땅과 거기에 충만한 것과 세계와 그 가운데에 사는 자들은 다 여호와의 것이로다"(시 24:1)

모든 것의 주인이 하나님이십니다. 그러므로 달란트 비유에서 알 수 있는 첫 번째 원리는 내가 가진 재물, 지위, 재능 등 모든 것의 주인이 하나님이시라는 사실입니다.

두 번째 원리가 15절에 나옵니다.

"각각 그 재능대로 한 사람에게는 금 다섯 달란트를, 한 사람에게는 두 달란트를, 한 사람에게는 한 달란트를 주고 떠났더니"(마 25:15)

주인이신 하나님께서 그 소유를 우리 손에 맡기셨습니다. 시편에도 동일하게 말씀하십니다.

"주의 손으로 만드신 것을 다스리게 하시고 만물을 그의 발 아래 두셨으니"(시 8:6)

여기서 '그 발'은 하나님의 발이 아니라 우리들의 발입니다. 만물의 주인은 하나님이시고, 우리는 하나님께서 만드신 만물을 맡은 청지기입니다. 청지기는 영어로 steward인데 '관리자'라는 뜻입니다.

창세기 1장에 이러한 의도가 더 정확하게 언급되어 있습니다. 하나님께서 만물을 창조하시고 인간을 만드시기 직전에 그

의도를 26절에서 말씀하셨습니다.

"하나님이 이르시되 우리의 형상을 따라 우리의 모양대로 우리가 사람을 만들고 그들로 바다의 물고기와 하늘의 새와 가축과 온 땅과 땅에 기는 모든 것을 다스리게 하자 하시고"(창 1:26)

사람을 만들기 전에 삼위 하나님께서 모여 사람을 창조하시는 목적을 말씀하신 것입니다. 하나님을 대신하여 이 세상을 다스리게 하자고 하셨습니다. 이것이 인간의 사명입니다. 그리고 하나님은 계획하신 바대로 사람을 지으셨습니다.

"하나님이 자기 형상 곧 하나님의 형상대로 사람을 창조하시되 남자와 여자를 창조하시고"(창 1:27)

이처럼 사람을 창조하신 직후에 인간에게 복을 주시면서 첫 번째 말씀을 하십니다. 맨 처음으로 하신 말씀이니 아주 중요한 말씀이겠지요? 첫 번째로 인간의 목적, 즉 사명을 알려 주십니다.

"하나님이 그들에게 복을 주시며 하나님이 그들에게 이르시되 생육하고 번성하여 땅에 충만하라, 땅을 정복하라, 바다의 물고기와 하늘의 새와 땅에 움직이는 모든 생물을 다스리라 하시니라"(창 1:28)

삼위 하나님께서 26절에서 "다스리게 하자"고 말씀하셨는데, 27절에서 "남자와 여자를 창조하시고", 28절에서는 "다스리라"고 명령하십니다. 하나님께서는 인간에게 자연을 비롯한 모든 피조물을 돌보며 생존을 위해 그것들을 사용할 수 있는 통치권을 부여하셨습니다. 이것을 신학 용어로 '문화명령'文化命令이라고 합니다.

이와 비슷한 명칭인 '지상명령'至上命令이 있지요.

"예수께서 나아와 말씀하여 이르시되 하늘과 땅의 모든 권세를 내게 주셨으니 그러므로 너희는 가서 모든 민족을 제자로 삼아 아버지와 아들과 성령의 이름으로 세례를 베풀고 내가 너희에게 분부한 모든 것을 가르쳐 지키게 하라 볼지어다 내가 세상 끝날까지 너희와 항상 함께 있으리라 하시니라"(마 28:18~20)

지상명령은 예수님이 하늘로 승천하시면서 남겨진 이들에게 하신 마지막 명령이니 이 또한 중요한 명령입니다. 일반적으로 전도명령으로 알려져 있습니다.

전도명령은 인간이 타락했기에 주어진 것입니다. 하지만 문화명령은 타락 이전에 주어진 명령이지요. 그러니 좀 더 본질적인 사명이라고 할 수 있습니다. 전도명령이 구원에 대한 부분이라면, 문화명령은 하나님이 인간을 만드신 목적을 보여줍니다.

인간은 하나님의 피조물 중의 하나지만 하나님을 대리해서 세상의 모든 피조물을 다스리는 권한을 부여받은 존재라는 점에서 다른 피조물과 다릅니다. 이것이 바로 인간의 사명이며 인간 본연의 존재 목적입니다. 그러므로 인간을 만물의 영장靈長, 즉 영적인 우두머리라고 부르는 것입니다.

다시 마태복음 25장으로 돌아가겠습니다.

"다섯 달란트 받은 자는 바로 가서 그것으로 장사하여 또 다섯 달란트를 남기고 두 달란트 받은 자도 그같이 하여 또 두 달란트를 남겼으되 한 달란트 받은 자는 가서 땅을 파고 그 주인의 돈을 감추어 두었더니"(마 25:16~18)

여기서 세 번째 원리를 발견할 수 있습니다. 하나님은 달란트를 우리 뜻대로 사용할 수 있는 권리를 주셨습니다. 장사를 하든, 묻어 두든, 종들이 임의로 할 수 있습니다. 따라서 맡은 자인 우리는 우리가 원하는 바에 따라 그 재물을 사용할 수 있습니다.

부의 사용은 인간의 처분에 달려 있습니다. 창조적인 일에 사용될 수도 있고 천박한 일에 낭비될 수도 있습니다. 창조적으로 사용하는 것은 하나님의 뜻대로 사용하는 것입니다. 천박한 일에 쓰는 것은 사람을 매수하거나 범죄에 사용하는 것과 같은 일이겠지요.

네 번째 원리는 19절에 나와 있습니다.

"오랜 후에 그 종들의 주인이 돌아와 그들과 결산할새"(마 25:19)

이는 받은 달란트를 사용할 수 있는 권한은 우리에게 있지만, 청지기로서 주인의 뜻에 따라 사용했는지를 회계하는 결산의 날이 온다는 것입니다.

저는 회계를 공부하고, 신학자들은 회개를 연구합니다. 두 단어가 비슷하지요? 그런데 회계가 더 중요할까요, 회개가 더 중요할까요? 예수님을 믿고 거듭나는 것은 회개를 통해서입니다. 죄를 뉘우치고 삶의 방향을 돌리는 것이지요. 그런데 거듭난 사람은 마지막에 회계가 있다는 것을 명심해야 합니다. 하나님 앞에서 결산하게 됩니다. 어쩌면 우리가 살았을 때 예수님이 오실 수도 있습니다. 그때가 결산하는 날이 될 것입니다. 따라서 그리스도인은 회개로 시작하여 회계로 마치게 됩니다.

'회계'는 '결산'을 의미합니다. 회계 실무에도 결산이 있습니다. 수익과 원가를 비교하여 이익을 계산합니다. 예를 들어 100원에 사서 150원에 팔았다면 수익이 150원이고 100원이 원가입니다. 수익과 원가를 비교하여 나머지 50원을 이익이라고 합니다. 거꾸로 원가가 더 크면 손실이 납니다.

그렇다면 하나님의 회계는 어떻게 설명할 수 있을까요? 여기서 회계란 단어는 '판 두 개를 마주 대어 본다'는 뜻이라고 합니다. 이를 회계적으로 해석해 보면, 우리가 일생을 살면서 한 일 중에, 하나님의 영광을 위해 했던 모든 행위가 오른쪽 판에 수익으로 기록되고, 왼쪽 판에는 하나님께 불충한 모든 행위가 원가로 기록됩니다. 다행히 하나님께 충성한 오른쪽 수익의 판이 왼쪽 원가의 판보다 길면 하나님께 칭찬받게 됩니다. 5달란트, 2달란트 받았던 종들처럼 말이지요.

"잘하였도다 착하고 충성된 종아 네가 적은 일에 충성하였으매 내가 많은 것을 네게 맡기리니 네 주인의 즐거움에 참여할지어다"(마 25:21, 23)

그러나 불행히도 하나님께 불충한 원가 판이 더 길면 악하고 게으른 종이라는 꾸지람을 듣게 될 것입니다. 우리 그리스도인들은 마지막에 회계의 날이 있다는 것을 명심해야 합니다. 그렇기에 예수 믿기 이전의 비신자들은 회개에 이르는 것이 중요하지만, 예수님을 영접한 신자들에게는 마지막 날에 회계를 의식하면서 사는 것이 더 중요하다고 할 수 있습니다.

달란트 비유에서 발견할 수 있는 네 가지 원리를 정리해 봅시다.

'주인은 하나님이시다!'

'우리는 하나님의 소유를 맡은 청지기, 관리자이다!'

'우리는 청지기로서 처분할 권한을 가지고 있다!'

'그러나 마지막 날에는 주인의 뜻에 맞추어 회계하는 날이 온다.'

이 원리를 잊지 말기 바랍니다.

간혹 하나님의 책에 우리의 행적이 다 기록되겠느냐고 의심하며 믿지 못하는 사람이 있습니다. 여러분, 손톱만 한 반도체 메모리에 어마어마한 양의 정보를 기록할 수 있습니다. 하나님의 반도체는 용량이 얼마나 더 크겠습니까? 우리의 일거수일투

족이 다 기록됩니다.

우리가 재물을 어떻게 사용하느냐에 따라 하나님께 영광이 될 수도 있고 하나님의 영광을 가리는 우상이 될 수도 있습니다.

"지혜로운 자의 재물은 그의 면류관이요 미련한 자의 소유는 다만 미련한 것이니라"(잠 14:24)

그렇다면 자본주의에서 말하는 사유 재산권과 청지기 개념의 공통점과 차이점은 무엇일까요? 두 경우 모두 맡은 사람이 재산을 자기 뜻대로 처분할 수 있는 재량권이 있습니다. 차이점이라면 사유 재산권은 내 마음대로 사용할 수 있지만, 청지기는 주인의 뜻을 살펴서 사용해야 한다는 점입니다.

예를 들어 자본주의 사회에서는 강남 사거리에서 만 원짜리한 다발을 뿌려도 아무 문제가 없습니다. 내 돈을 내 마음대로 처리한 것이니까요. 별 이상한 사람 다 있다고 하면서 지나가는 사람들이 그 돈을 주워 가겠지요.

반면에 청지기는 다릅니다. 주인의 뜻에 합당하게 사용할 의무가 있습니다. 청지기는 소유권자의 재산을 맡아 관리하는 사람이기 때문입니다. 우리는 주인이신 하나님의 뜻에 따라 우리가 맡은 재산을 사용해야 합니다. 그러니 길거리에 함부로 돈을 뿌리는 것은 주인의 뜻에 맞지 않겠지요.

현대 기업의 대표적인 소유구조인 주식회사는 청지기 원리에 따라 운영되는 조직입니다. 주식회사는 주주, 즉 투자자들이 있고, 회사를 맡아서 경영하는 경영자가 있습니다. 그런 면에서 경영자는 청지기라고 할 수 있습니다. 그러므로 청지기인 경영자는 자기 생각대로 함부로 회삿돈을 사용해서는 안 됩니다. 지나친 과지출도 문제가 됩니다. 주인인 주주들의 뜻에 합당하게 써야 하지요. 경영자는 주주들의 이익을 위해 일하는 사람입니다.

마찬가지로 청지기인 우리는 주인이신 하나님의 뜻에 맞게 재물을 써야 할 의무가 있습니다. 단순히 재물뿐만 아니라 우리의 재능, 실력, 외모까지 모든 것을 하나님의 뜻에 합당하게 사용해야 합니다. 그래야 충성된 청지기라는 평가를 받을 수 있습니다.

재물을 주시는 이유가 있다

우리는 청지기로서, 주인의 뜻에 합당하게 재물을 사용해야 한다고 말씀드렸습니다. 그러기 위해서는 주인이신 하나님의 뜻을 정확하게 아는 것이 중요합니다. 그렇다면 재물을 어떻게 사용하는 것이 하나님의 뜻에 합당한 것일까요?

주인이신 하나님께서 원하시는 재물의 용도는 두 가지입니다. 하나는 나와 가족들의 기본적인 필요를 채우는 것이고, 다른 하나는 하나님의 사역에 참여하는 것입니다.

기본적인 필요를 위해

하나님은 피조 세계에 있는 것들을 우리의 먹을 것으로 주셨습니다. 창세기 1장을 보면 들에 있는 식물을 먹을 것으로 허락하셨습니다. 고기는 노아의 홍수 사건 이후에 먹기 시작했습니다.

하나님은 세상의 피조물을 나 자신과 가족들을 위해 사용하는 것을 허용하셨습니다. 나와 가족을 위해 재물을 쓰는 것은 창조 원리에 합당하며 하나님의 은혜로운 공급하심입니다. 나와 가족을 위해 재물을 사용하고 소비하는 것, 이것이 하나님께서 재물을 주신 첫 번째 용도입니다.

그런데 경제학에서는 재물을 소비하는 동기를 두 가지로 나눕니다. 하나는 기본적인 필요를 위해 쓰는 것입니다. 이것을 Needs라고 합니다. 경제학에서 정식 용어는 '욕구'지만 부정적인 뉘앙스가 있어서 '필요'라는 말을 사용했습니다. 다른 하나는 사치스런 욕망, 즉 Desires를 위해 쓰는 것입니다. 우리는 이 두 가지를 잘 구별해야 합니다.

필요 또는 욕구란 인간이 자신의 품위를 유지하면서 생존해 나갈 수 있는 기본적인 수준입니다. "우리가 먹을 것과 입을 것이 있은즉 족한 줄로 알 것이니라"(딤전 6:8)라는 말씀이 기본적인 필요를 설명하고 있습니다.

반면 욕망은 기본적인 필요 외에 사치, 과시, 탐욕을 위해 돈을 쓰는 것을 말합니다. "육신의 정욕과 안목의 정욕과 이생의 자랑"(요일 2:16)을 위해 물질을 사용하는 것을 욕망으로 볼 수 있습니다. 가장 대표적인 욕망이 과시적 소비, 즉 폼나게 보이려고 사치하는 것입니다.

물질의 일차적인 용도는 의식주와 관련된 기본적인 필요를 위해 사용하는 것이고 하나님은 이를 합당하게 여기십니다. 그러나 사치스런 욕망을 위해 물질을 허비하는 것은 정죄하십니다. 아모스 6장이나 디모데전서 6장을 보면 사치하는 자들에 대한 경고가 나와 있습니다.

그렇다면 어디까지가 필요고, 어디부터가 욕망에 해당될까요? 이 둘을 획일적으로 구분하는 것은 쉽지 않습니다. 우리 교회에서 이 강의를 했더니, 여성 성도들 사이에서 논란이 일어났습니다. '머리핀을 사는 것이 기본적인 필요인가, 사치스런 욕망인가?' 여러분은 어떻게 생각하십니까? 어찌 보면 우스운 논란이지요? 그러나 저는 '하나님의 말씀이 역사하시는구나'라고 생각했습니다. 맞습니다. 노점에서 천 원짜리 머리핀 하나를 사더라도, 기본적인 필요인지 사치한 욕망인지 생각하면서 소비하는 태도는 바람직합니다.

이런 이야기를 하다 보면 어떤 분들은 "무조건 짜게 살자"는 반응을 보이기도 합니다. 예전에 저축의 날이 있었습니다. 매년 저축왕을 뽑아 상을 주기도 했습니다. 어느 해 저축왕 수기를 보

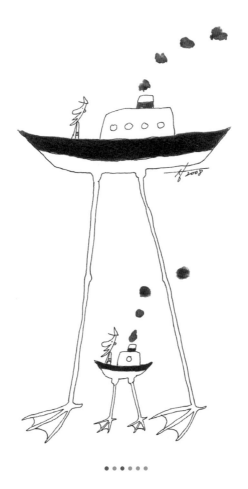

• • • • • • •

물건을 살 때 필요에 의한 것인지 욕망에 의한 것인지
생각해 볼 필요가 있습니다. 물건을 사려고 할 때
이런 질문을 스스로 해 보십시오.
"이거, 없어도 괜찮을까?"

니 월급의 95%를 저축해서 5년 만에 내 집을 마련했다는 이야기가 나옵니다. 참 갸륵한 일입니다. 하지만 생각해 보십시오. 월급의 95%를 저축하고 나머지 5%로 생활하려면 어떻게 살아야 하겠습니까? 그분들의 수기를 보면 김치도 시장에 버려진 배추를 주워서 담가 먹었다고 합니다. 얼마나 힘든 일입니까? 그런데 이것은 돈에 대한 또 다른 형태의 매임일 수 있습니다. 제가 말하고 싶은 것은 무조건 짜게 살자는 것이 아니라 돈에 매이지 말고 균형 있게 살자는 것입니다.

그러면 해외여행은 사치스러운 욕망일까요? 여행의 본질을 한번 생각해 봅시다. 여행은 일상을 떠나 쉼을 누리는 것입니다. 우선 국내로 갈 것인가, 해외로 갈 것인가 정해야겠지요. 저는 어느 쪽이든 괜찮다고 생각합니다.

우리 자녀들은 글로벌 시대에 살고 있습니다. 우리는 피부색이 다른 사람을 보면 아직도 주춤하는 경향이 있지만 아이들은 그렇지 않습니다. 해외에 나가 봤기 때문에 노란 피부든 검은 피부든 모두가 함께 모여 사는 사회라는 것을 알고 있습니다. 나와 다른 방식의 다양한 사람들이 살고 있다는 것을 느끼는 것은 중요합니다. 그러므로 어린 시절에 해외 경험을 하는 것은 바람직하다고 생각합니다. 물론 국내보다 돈이 더 들긴 하겠지만 가족끼리 단출하게 가서 다른 문화를 보고 배우고 돌아오는 것은 사치한 욕망이라기보다 유익한 일이라고 생각합니다.

문제가 되는 것은 해외 여행지에서의 과소비입니다. 집안 형편이 괜찮은 어떤 분이 유럽 여행을 가서 명품 옷 20벌을 사왔습니다. 그런 옷은 현지에서도 그리 싸지 않습니다. 그렇게 비싼 옷으로 주위 사람들에게 생색내는 것을 보았습니다. 이런 식으로 해외여행을 하는 것이 문제입니다.

중요한 것은 돈에 매이지 않는 균형 있는 삶입니다. '구두가 몇 켤레나 필요할까?' 등 필요한 물건들에 대한 정확한 개수를 정하기는 어렵습니다. 하지만 물건을 살 때 필요에 의한 것인지 욕망에 의한 것인지 생각해 볼 필요가 있습니다. 물건을 사려고 할 때 이런 질문을 스스로 해 보십시오.

"이거, 없어도 괜찮을까?"

없어도 큰 문제가 없다면 한 번이라도 소비를 연기해 보는 것도 좋습니다. '그것 없으면 절대로 안 된다'고 할 정도면 기본적인 필요에 해당하는 물건이라고 할 수 있습니다. 물건을 사기 전에 항상 왜 사야 하는지를 생각해 보시기 바랍니다. "먹을 것과 입을 것이 있은즉 족한 줄 알아야" 한다는 말씀을 상기하면 좋습니다.

사람들은 될 수 있는 대로 더 큰 차, 더 좋은 옷을 원합니다. 왜 그럴까요? 좀 더 큰 차를 타고 다녀야 대접받는다고 생각하기 때문입니다. 호텔에 가도 크고 좋은 차를 몰고 가면 앞자리에 주차하라고 안내해 주고, 작은 차를 타고 가면 뒤로 가라고 하니 서럽다고들 합니다.

그러나 생활 수준을 넘어 사치한 명품을 주렁주렁 달고 다니면 과연 존경심이 생기겠습니까? 순간적인 충동에 끌려 무시당할까 봐 과소비하고 후회하곤 합니다. 소비할 때는 한 번 더 생각하고 결정하는 것이 좋습니다. 우리 사회에 횡행하는 허영적인 생각들은 한 발짝 물러서서 보면 다시 생각해야 하는 것이 참 많습니다.

제가 예전에 이사할 때 이삿짐센터 사람들한테 불평을 많이 들었습니다. 왜 묵은 살림을 다 끌고 가느냐는 거예요. 저는 장롱은 물론이고 가전제품도, 쓰던 그릇도 다 그대로 가지고 갔습니다. 남들은 이사할 때 모두 새로 장만해서 가니 이삿짐이 없다는 겁니다. 정말 우리와 함께 입주한 옆집은 가전제품, 가구, 자동차를 다 새로 들였습니다. 좀 부러웠지요.

이사한 지 1년 후에 교환 교수로 1년간 미국에 나가게 되었습니다. 결혼한 지 10년이 지난 때라 묵은 살림살이들을 남에게 주어도 아깝지 않았습니다. 세탁기는 시골에 계신 이모님 댁에 보내고, 냉장고는 자취하는 조카들에게 주고 가벼운 마음으로 미국으로 떠났습니다. 옆집 사람들도 같은 시기에 미국에 파견 가게 되었습니다. 그런데 1년 전에 새로 장만한 가전제품과 자동차를 처분하자니 손해가 막심하고, 두고 가자니 녹슬게 될까 고민하는 것을 보았습니다. 당시 미국에 가면 훨씬 더 좋은 가전제품을 절반 가격이면 살 수 있었습니다.

그때 깨달은 것이 있습니다. 이 땅에서 너무 좋은 것을 많이 쌓아 놓고 살면 천국 가기가 망설여질 수 있겠다는 것입니다. 대형 아파트에 살면서, 럭셔리 차를 굴리고, 명품을 두르고 살면 얼마나 행복할까요? 그러면 여기를 천국으로 착각하기 쉽습니다. 천국보다 이 땅에서의 삶에 더 집착하게 됩니다. 멋져 보이는 명품들을 이 땅에 가득 쌓아 놓았으니, 더 멋진 천국이 있다는 것을 잊어버리고 이 땅에 집착하게 되는 거지요.

예수께서 제자들에게 "내 아버지 집에 거할 곳이 많도다"(요 14:2상)라고 하시면서 우리를 위하여 예비하러 가신다고 약속하셨습니다. 여기서 '거할 곳'이 KJV King James Version, 흠정역에서는 대저택 mansion 이라고 표현되어 있습니다. 이 땅의 100평 아파트보다 훨씬 더 멋진 집을 준비하고 기다린다는 것입니다. 사실 평수가 더 넓은지, 호화로운지는 모르지만 더 평안하고 안락한 집임은 분명합니다.

우리가 이 땅에 미련을 가지지 않고 천국에 소망을 둘 수 있는 비결이 무엇일까요? 예수께서 "너희를 위하여 보물을 땅에 쌓아 두지 말라 …… 오직 너희를 위하여 보물을 하늘에 쌓아 두라"(마 6:19, 20)고 말씀하셨습니다. 왜냐하면 "네 보물 있는 그곳에는 네 마음도 있느니라"(마 6:21)가 우리의 심성이기 때문입니다. 천국에 보화를 쌓아 놓아야 천국을 소망하게 됩니다. 어떻게 천국에 보화를 쌓아 놓는지는 다음에 말씀드리겠습니다.

드디어 미국에 갔습니다. 당시 미국에 간 사람들이 대부분 처음 하는 일이 일본의 유명 TV를 구입하는 것이었습니다. 그런데 저는 어릴 때부터 국산품을 애용해야 한다는 교육을 받아서인지 거실에 외제 TV를 두는 것이 용납되지 않았습니다. 요즘은 꼭 그렇지 않지만, 그때까지만 해도 꼭 국산을 써야 한다고 생각했습니다.

그때는 우리나라 가전제품이 미국에 별로 없었습니다. 20인치 이하 한국산 TV가 슈퍼마켓에서 싸게 판매되고 있었지만 정식 가전매장에서는 찾아보기 힘들었습니다. 당시 미국에서 표준이 29인치였는데, 29인치 일본 유명 TV가 650달러에 불티나게 팔리고 있었습니다. 우리는 14인치 TV를 빌려 보면서 기다렸습니다. 몇 주 후에 29인치 국산 TV가 매장에 나와서 스테레오 하이파이 VCR까지 합쳐서 450달러에 구입했습니다. 당시 한국에서 29인치 TV 한 대만 해도 100만 원약 900달러이 넘었으니 싸게 산거죠.

대형 TV를 집에 들여놓으니 정말 좋았습니다. 14인치 TV를 보다가 29인치로 보니 화면이 얼마나 크고 좋았겠습니까? 영화관에서 영화를 보는 것처럼 엄청나게 크고 소리도 우렁찼습니다. 그런데 일주일이 지나자 14인치나 29인치나 별로 달라 보이지 않았습니다. 고작 일주일밖에 지나지 않았는데 말입니다.

재물이라는 것이 그렇습니다. 돈이 있으면 편리합니다. 소형차보다 고급 대형 승용차를 타고 다니면 안락하고 편하겠지요. 하지만 그것도 한 달, 아니 일주일쯤 지나면 별 차이를 느끼지 못합니다.

이런 영국 속담이 있습니다.

"이발을 해라. 하루가 즐거울 것이다. 목욕을 해라. 일주일이 즐거울 것이다. 이사를 해라. 한 달이 즐거울 것이다."

이사를 하면 한 달이 즐겁다고 합니다. 우리 교회 집사님 한 분이 오랫동안 셋방살이하다가 작은 아파트를 구입해 이사를 갔습니다. 이게 정말 내 집인가 싶어서 자꾸 벽을 만져 보곤 했답니다. 그런데 정말 그 기쁨이 한 달밖에 가지 않더랍니다.

영국 속담에서 가장 긴 즐거움을 말하는 것이 무엇인지 아십니까?

"결혼을 해라. 6개월이 즐거울 것이다!"

그런데 저는 결혼하고 아직까지 즐거운 걸 보니 저한테는 이 속담이 맞지 않는 것 같습니다.

재물은 일시적인 편안함 comfortable 을 주지만, 거기에 평안 peace 은 없습니다. 평안은 오직 하나님께로부터 옵니다. 재물로 이 세상에서 편안함은 얻을 수 있지만, 하나님께서 주시는 평안은 이생뿐만 아니라 저세상까지 영원히 함께하는 평안입니다.

"평안을 너희에게 끼치노니 곧 나의 평안을 너희에게 주노라 내가 너희에게 주는 것은 세상이 주는 것과 같지 아니하니라"(요 14:27상).

재물은 좋은 것이지만 한계가 있습니다. 재물의 이점과 한계를 분명히 아는 것이 재물을 제대로 사용할 수 있는 비결입니다.

하나님의 사역에 참여하기 위해

재물의 두 번째 용도는 하나님의 사역에 참여하는 것입니다. 하나님의 사역에 참여하는 재물의 사용은 헌금과 나눔, 두 가지가 있습니다. 헌금은 하나님을 찬양하고 말씀을 전파하는 데 직접 사용되는 돈을 말합니다. 십일조와 각종 헌금이 있지요. 헌금은 우리나라 성도들에게 강조하지 않아도 될 듯합니다. 대부분 잘 훈련되어 있기 때문입니다. 문제는 나눔입니다. 교회 안의 성도들을 돌아보고 이웃들에게 나누는 것이 부족합니다.

하나님께서 우리나라를 부유하게 하셨습니다. 우리가 얼마나 부자가 되었는지 아십니까? 제 경우만 봐도 그렇습니다. 저는 충청남도에서 태어났는데, 제가 살던 마을은 당시 농촌에서는 그래도 괜찮은 동네였습니다. 하지만 60가구 중에 여름에 쌀밥을 먹는 집은 단 두 집뿐이었습니다. 대부분 보리밥을 먹었습니다. 당시에는 아이들이 대부분 검정 고무신을 신고 다녔습니다. 타이어표, 말표 이런 것들이 있었지요. 아마 타이어처럼 튼튼하다고 검은 신발에 타이어 그림을 그려 놓았나 봅니다. 고기도 제삿날이나 명절에나 한 번 먹어 볼 수 있었습니다. 제가 중학교 다닐 때 평소인데도 돼지불고기를 먹어 보았는데, 돼지 파동이 나서 마을마다 돼지를 잡아 나누어 먹었다고 합니다. 얼마나 특별한 일인지 아직도 기억하고 있습니다.

그때에 비해 지금은 다들 너무 잘삽니다. 그러나 아직도 우리 주위에 어려운 분들이 많이 있습니다. 하나님께서 우리나라를 배고픔에서 면하게 하시고 부유하게 하신 것은 우선 자신과 가족의 기본적인 필요를 위해 쓰되, 나머지는 하나님과 이웃을 위해 쓰라는 뜻입니다.

가장 성경적인 소비생활은 월급을 20만 원 받든 200만 원 받든 기본 생활비를 똑같이 유지하는 것입니다. 존 웨슬리가 그렇게 살았습니다. 그는 첫 월급 받을 때의 생활비 수준으로 평생 살았다고 합니다. 물론 첫 월급 받을 때와 현재의 생활비를 똑같이 유지하는 것은 쉽지 않을 것입니다. 하지만 적어도 월급이 늘어난다고 생활비가 같은 비율로 늘어나면 안 됩니다. 로날드 사이더 Ronald J. Sider 는 누진적인 십일조를 주장합니다. 소득이 늘수록 하나님께 영광 돌리기 위한 비율도 늘어나는 것이 누진적 십일조입니다.

우리는 우리의 여유분을 하나님과 이웃을 위해 써야 합니다. 때로는 두 렙돈을 바쳤던 과부처럼 기본적인 필요까지 희생할 수도 있어야 합니다. 이것은 우리가 착해서가 아니라 그리스도인의 기본 의무입니다. 재물을 주신 주인 되시는 하나님의 은혜에 감사하는 마음으로 행해야 합니다. 고린도후서 9장 말씀처럼 억지로가 아닌 자원하는 마음으로, 자신이 처한 상황이 부유하거나 가난하거나 상관없이 해야 하는 일입니다.

소비하며 물건을 구입하는 과정에 우리는 기쁨을 느낍니다. 그러나 헌금과 구제에도 큰 기쁨이 있습니다. 헌금과 구제는 대가 없이 지출하는 것이기에 망설임과 고민이 따르기도 합니다. 저는 처음에는 하나님께서 우리에게 구제를 말씀하신 것은 우리가 좀 고민스러워도 선한 마음으로 이웃에게 베풀어야 하는 명령이라고 생각했습니다. 그러나 최근에 깨달은 것은 이 또한 우리의 행복을 위해 하신 말씀이라는 것입니다.

노벨 경제학상을 받은 미국의 경제학자 폴 사무엘슨 Paul A. Samuelson 교수는 그의 명저 《경제학 원론》에서 행복은 '소비÷욕망'이라고 정의합니다. 사무엘슨에 따르면 행복의 수준은 많이 소비할수록, 고급 소비를 할수록 증가합니다. 배고플 때 밥을 한 그릇 먹는 것보다 두 그릇 먹는 것이 더 행복하고, 일반 밥보다 비싼 고급 요리를 먹는 것이 더 행복합니다. 적어도 어느 단계까지는 이 말이 맞습니다.

분모를 보면, 욕망이 많으면 행복도가 낮아지고, 욕망을 줄이면 행복도가 높아집니다. 욕심이 많은 사람이 행복도가 낮은 것을 보면 맞는 것 같습니다. 이 공식에 따라 경제학에서는 소비를 늘리든지 아니면 욕망을 줄여야 행복도가 높아질 것이라고 합니다. 상당히 논리적입니다.

그런데 밥을 두 그릇째 먹으면 첫 번째 그릇보다는 행복도가 적겠지요. 세 그릇, 네 그릇 먹으면 점점 더 추가되는 행복도가 떨어집니다. 경제학에서 이를 '한계효용체감의 법칙'이라고 합니다. 즉 많이 먹을수록 증가하는 행복의 한계치가 줄어드는 것입니다. 그럼 열 그릇을 먹으면 어떻게 될까요? 당연히 배탈이 나겠죠. 밥을 정도껏 먹어야지, 너무 지나치게 먹으면 행복은커녕 불행해집니다. 경제학에서는 지나치게 많이 먹어 배탈이 나는 경우는 생각하지 않는 듯합니다.

그러면 주는 것, 헌금과 구제는 어떨까요? 우리 교회 가까이에 뇌성마비 어린이를 돌보는 애망원이 있습니다. 가끔 교회에서 기저귀를 많이 사서 가곤 합니다. 그들에게 필요한 것을 채워 주기 위해서 갑니다. 중증 장애인들이 있는 3층에는 자기 손으로 밥을 먹을 수 있는 아이가 한 명밖에 없습니다. 그래서 저희가 가서 밥을 먹여 주고 선물을 주면 그 어린이들이 매우 행복해합니다.

그런데 그곳에서 우리가 주는 것이 많을까요, 받는 것이 많을까요? 처음에는 주겠다고 갔는데, 돌아오며 생각해 보면 받는 것이 많다고 느낍니다. 그 아이들을 보면 우리가 스스로 밥을 먹을 수 있다는 것만으로도 얼마나 행복한지 절실하게 느낍니다.

자녀가 공부 못하는 것, 아직 취업하지 못한 것, 집세 걱정, 이런 것들이 아무 문제가 되지 않습니다. 그냥 건강하게 잘 커 주는 것만 해도 감사하지요. 그래서 돌아올 때는 욕심이 줄고 감사가 늘어납니다. 그러니 조금 주고 더 많이 받아서 오는 것입니다.

하나님은 자신의 필요에 해당하는 한 그릇, 두 그릇은 자신이 먹되 그 이상은 이웃에게 베풀라고 하십니다. 양이 많으면 서너 그릇까지 먹겠지만, 그 이상까지 혼자 차지하지 말고 이웃을 위해 사용한다면 우리의 행복 곡선이 위로 상승하게 될 것입니다. 따라서 혼자 먹는 것보다 이웃에게 베푸는 것이 우리가 더 행복해지는 비결입니다. 우리가 "먹을 것과 입을 것이 있은즉 족한 줄로 알"고(딤전 6:8) 욕망을 줄이면 더 행복해질 것입니다. "소유주가 재물을 자기에게 해가 되도록 소유하는"(전 5:13하) 폐단을 범하지 말아야 합니다.

행복은 불안감이나 두려움 없는 상태입니다. 우리가 돈을 벌어서 불안감이나 여러 문제를 해결할 수 있을까요? 불안감을 해소하려면 마음이 여유 있는 상태가 되어야 합니다. 그리고 이 마음의 여유는 남에게 베풀 때 얻을 수 있습니다.

경제 위기는 주기적으로 반복됩니다. 위기가 오면 대부분 살림이 팍팍해지고 그 때문에 불안해집니다. 저는 이럴 때 교회가 나서야 한다고 생각합니다. 주위에 어려운 이웃들을 돌아보아야 합니다. 많이 도움을 주지 못하더라도 조금씩 모으면 오병이어의 기적이 일어납니다. 어려운 상황이라도 남을 돕게 되면 마음에 여유와 자부심이 살아납니다. 이러한 여유가 우리의 불안감을 없애 주고, 교회의 전도에 활력을 줍니다.

각자가 자기 이익만 따지면 뭔가 베풀어야겠다 싶다가도 잘 되지 않습니다. 하나님께서 우리가 모두 다 먹고살아도 남을 만큼 주셨는데, 서로 나누지 못하기에 부족한 이웃들이 있는 것이 우리의 현실이지요. 서로 조금씩 내어놓는다면 모든 사람이 배불리 먹고도 남는 풍성한 사회가 될 것입니다.

위의 설명을 보면, 경제학과 성경 말씀이 통하기도 하고 차이도 있습니다. 경제학은 일정 범위 내에서는 성경 말씀과 상통합니다. 많아도 서너 그릇까지, 그러나 성경은 이를 넘어서는 진리까지 말씀하고 계십니다. 열 그릇까지 혼자 다 먹지 않고 이웃과 나누는 것이 더 행복하다 말씀합니다.

돈이 주는 영적 풍성함을 누리려면?

이처럼 하나님이 주신 재물은 나와 가족의 기본적인 필요를 위해, 그리고 헌금이나 구제를 통해 하나님 사역에 참여하기 위해 사용하는 것이 하나님께서 원하시는 본질적인 용도입니다. 이런 본질적인 목적 외에 하나님은 돈을 통해 가족들이 영적으로 풍성함을 누리게 하십니다. 이것이 돈이 주는 영적 유익함입니다.

이제부터 가정에서의 돈의 영적 의미를 살펴보겠습니다.

가계부는 부부의 영적 바로미터

부부의 영적인 상태를 보려면 큐티 노트뿐만 아니라 가계부를 보라는 말이 있습니다. 웬 가계부냐구요? 우리는 돈을 가장 가치 있다고 생각하는 곳에 씁니다. 지출 내역을 보면 내가 가장 가치 있다고 생각하는 것이 무엇인지 알게 되지요. 가계부의 지출이 바로 우리의 영적 가치관을 표시해 줍니다. 아주 실제적인 지표입니다.

우리 집의 가계부를 보면서 하나님과 이웃을 위해 몇 %나 지출하고 있는지 보아야 합니다. 매년 그 비중이 늘어나고 있는지, 줄어들고 있는지를 보면 우리 영적 상태의 흐름을 판단할 수 있습니다. 가계부가 우리 영성에 대해 모든 것을 보여 주는 것은 아니지만, 우리의 영적 상태를 보여 주는 하나의 창이 될 수 있습니다.

하나님의 복을 느끼는 수단

하나님의 복은 여러 형태로 옵니다. 건강으로 올 수도 있고 부부간의 화목으로 올 수도 있습니다. 돈도 그중 하나입니다.

돈은 아주 구체적으로 느낄 수 있는 특징이 있습니다. 그래서 "저 사람은 복 받았다"라고 하면 그 사람이 부자인 것처럼 생각하는 경향이 있습니다.

그런데 돈을 하나님의 복으로 누리기 위해서는 전제 조건이 있습니다. 하나님의 뜻에 합당하게 사용해야 합니다. 사례를 하나 들겠습니다. 어느 교수 사모님이 계시는데 이분은 권사님이기도 하지만 좋은 일을 많이 하시는 분입니다. 남편 교수님이 군사정권 때 해직당했습니다. 교수들이 유능한 사람 같지만 학교를 떠나면 할 수 있는 일이 없습니다. 어디 가서 장사를 할 수 있겠습니까? 아무것도 못 합니다. 그래서 사모님이 집안의 생계를 책임져야 했는데 쉽지 않았습니다.

어느 날 아침 뒷집에 사는 청년이 쌀을 얻으러 왔답니다. 그 청년이 가난해서 밀가루 죽을 끓여 먹으며 살다 보니 위가 헐었다고 했습니다. 쌀죽을 먹으면 괜찮아질 거라는 말을 듣고, 앞집이 교수님 댁이니 쌀이 넉넉히 있을 듯하여 얻으러 온 것입니다. 해직되어 생활이 곤란한 상황을 모르고 온 것이지요. 사모님이 쌀독을 열어 보니 쌀이 다섯 되 정도가 남아 있더랍니다. 그런데 이 쌀이 언제 떨어질지 모르니, 사르밧 과부의 심정과 같았습니다. 망설인 끝에 사모님은 '하나님이 주라고 하셨지'라고 생각하며 청년에게 쌀 두 되를 퍼 주었습니다.

쌀을 퍼 주고 나니 마음이 참 심란하더랍니다. 망연하게 방에

앉아 있는데 누군가가 대문을 두드렸습니다. 나가 보니 쌀집에서 쌀 두 가마니를 지고 들어오더랍니다. 연유를 물어 보니 사모님이 청년에게 쌀을 주던 즈음에 교수님 친구분이 해직당한 친구가 갑자기 떠올랐다고 합니다. 그래서 쌀집에 전화해서 쌀 두 가마니를 배달시킨 것입니다.

만약 그 사모님이 아침에 찾아온 청년에게 "미안해요. 우리도 형편이 어려워서 나눠줄 게 없네요." 하면서 돌려보냈다고 가정해 봅시다. 마침 오후에 쌀 두 가마니가 들어왔다고 또 가정하지요. 그러면 그 쌀 두 가마니가 하나님의 은혜로 느껴졌겠습니까? 하나님 말씀대로 베풀었기 때문에, 하나님의 선물이라고 느끼는 것입니다. 두 되가 두 가마니가 되었으니 백 배의 상급이 돌아왔습니다.

어떤 사람은 못된 방법으로 돈을 벌고도 하나님의 은혜라고 말하기도 합니다. 종업원 월급을 깎아 먹고 돈을 벌어 하나님 은혜라고 한다면, 이는 명백히 잘못입니다. 하나님께 합당하게 드렸을 때 오는 복이 진정한 복입니다.

하나님은 100배, 60배, 적어도 30배는 주시는 분입니다. 우리는 기도할 때 "하나님, 30배, 60배, 100배 주세요!"라고 기도하는데 거꾸로 해야 합니다. 성경에는 100배가 먼저 나오는 경우가 더 많습니다. 하나님의 정상적인 이자율은 100배입니다. 그럼 몇 %인지 아십니까? 1만%입니다.

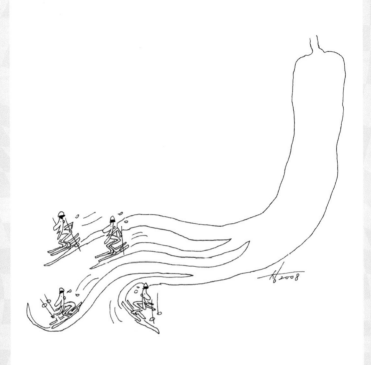

• • • • • •

하나님이 주신 재물은 나와 가족의 기본적인 필요를 위해,
그리고 헌금이나 구제를 통해 하나님 사역에 참여하기 위해 사용하는 것이
하나님께서 원하시는 본질적인 용도입니다.

하나님이 지으신 자연은 참 묘합니다. 텃밭을 가꾸어 본 사람 이야기를 들으면 30평도 안 되는 텃밭만 있으면 일 년 내내 채소를 키워 먹을 수 있다고 합니다. 씨만 뿌려 놓으면 수확해서 먹을 수 있습니다. 100배씩 자라는 거지죠. 그러므로 하나님께 기도할 때 100배가 정상이라고 생각합니다. 우리가 부족하면 60배, 적어도 30배는 주실 것입니다.

대화의 수단

경상도 남자들이 말수가 적다고 우스갯소리로 하는 말이 있지요. 남편이 집에 들어오면 딱 세 마디 한다고 합니다.

"아는 애는? 밥 도 밥 줘! 자자!"

많이 들어 보셨을 것입니다. 그만큼 대화하지 않는다는 것을 빗대어 한 말입니다.

부부생활 세미나에 가면 부부간에 대화를 많이 하라고 합니다. 그런데 세미나에서 듣고 나서 대화하다가 싸움이 나는 경우도 많습니다. 중요한 것은 부부끼리 대화하는 법을 잘 배워야 한다는 것입니다.

가족이 함께 예산을 세우고, 함께 가계부를 보면서 결산해 보십시오. 그런 과정에서 자연스럽게 대화할 수 있습니다. 제가 서두에 우리 생활의 70~80%가 돈과 관련되어 있다고 말씀드렸습니다. 따라서 가계부를 통해 생활의 모든 것을 상의할 수 있습니다. 예를 들어 봅시다.

"다음 달 과외비로 얼마나 쓸까요? 우리 애들이 과외를 너무 많이 하는 것 같은데 좀 줄여 봅시다."

"다음 달에 사촌 동생 결혼식이 있잖아요. 우리 그리스도인들이 교회에는 잘 내면서 친척들한테는 인색하다는 말을 들으니 이번엔 부조를 더 합시다."

함께 예산을 세우고 결산하다 보면, 이렇게 대화할 소재가 많습니다. 가계부가 부부간에 좋은 대화의 수단이 됩니다. 물론 돈 이야기로 싸움이 나기 쉽습니다. 상대방의 의견을 존중하면서 잘 대화하셔야 합니다.

자녀들에게 바른 재정 습관 심어 주기

과소비하는 사람들을 보면 대부분 그 부모가 과소비하거나 자린고비인 경우가 많습니다. 그러므로 부모가 건전한 소비 습관을 지니고 자녀들에게 모범을 보이는 것이 중요합니다.

우선 돈은 공짜로 얻어지는 것이 아니라 노력해서 버는 것임을 가르쳐야 합니다. 용돈을 줄 때는 일정한 일을 시키는 것이 좋습니다. '자고 나서 이불 개기' 이런 일에 돈을 주면 안 됩니다. 이것은 아이가 당연히 해야 하는 일이기 때문입니다. '쓰레기 버리기', '설거지', '집안 청소', '엄마에게 안마하기'처럼 가족들을 위해 할 수 있는 일이 좋습니다. 일을 잘하면 용돈을 올려

줌으로 품질 높은 일을 인정해 주면 더욱 좋습니다.

또한 희생하는 것을 가르쳐야 합니다. 돈과 관련해서 부모들이 흔히 범하는 오류가 몇 가지 있습니다. 예배 시간에 헌금통이 돌아갈 때 얼른 돈을 꺼내 주면서 헌금하라고 하는 것입니다. 헌금은 희생입니다. 자기 지갑에서 돈을 꺼내 헌금하는 것은 어려운 희생입니다. 엄마 아빠 지갑에서 나온 돈으로 헌금하는 습관이 생기면 아이들은 희생을 배우는 것이 아니라 종교적인 행위만 배우게 됩니다. 따라서 용돈을 주고 그 범위 내에서 스스로 헌금을 하도록 가르치는 것이 좋습니다.

특히 형제가 사탕 하나를 두고 싸우고 있을 때도 조심해야 합니다.

"동생 줘라. 그러면 나중에 한 봉지 사줄게."

이렇게 말하는 것은 좋지 않습니다. 동생을 위한 희생보다 경제적인 계산을 가르칠 수 있기 때문이지요. 다른 것으로 보상을 해주는 것이 좋습니다. 즉 물질적인 것을 물질로 보상해 주기보다 칭찬을 해 주는 등 다른 쪽으로 보상하는 것이 좋습니다.

또한 저축할 때는 목적을 분명하게 세우는 것이 필요합니다. 막연하게 돈만 모으는 것은 축재일 수 있습니다. 자전거, 게임기 등 비필수품은 자신이 돈을 모으고 부모가 대응자금을 일부 보태어 사는 것도 좋은 소비입니다.

무엇보다 원칙을 고수하고 부모의 삶을 통해 모범을 보이는 것이 가장 중요합니다.

결혼 생활의 위험 신호

"결혼을 해라. 6개월이 즐거울 것이다!"

앞에서 말씀드린 영국 속담입니다. 결혼하면 다 좋을 것 같지만 항상 그런 것은 아닙니다. 살다 보면 사소한 일로 문제가 생길 수도 있고, 그런 일이 누적되면 이혼까지 가기도 합니다. 요즘 우리나라에서 한 해에 20여만 쌍이 결혼하고 있는데, 이혼하는 커플이 10여만 쌍으로 비율이 50%나 된다고 해요. 국제 비교가 되는 인구 1,000명당 이혼건수_{조이혼율}는 2.1로서 OECD 34개국 중 9위로 높습니다.

미국의 조이혼율은 3.2로서 우리보다 높지만, 홀로된 여성이나 남성들이 혼자서도 살아갈 수 있는 환경이 마련되어 있습니다. 그런데 이혼이 급속하게 증가하는 한국은 아직 그런 환경이 부족해 이혼하면 여러 면에서 어려워집니다.

부부간에도 사소한 것에서부터 틀어지기 시작하다가 문제가 커지는 경향이 있으니 초기 신호를 잘 알아채야 합니다. 그렇지 않으면 호미로 막을 것을 가래로도 못 막는 경우가 생깁니다. 부부 사이에 문제가 있는지 없는지 미리 알아차리면 좋겠지요. 앞서 돈이 매우 구체적인 증거라고 말씀드렸습니다. 가정의 재정문제는 부부 사이의 다른 문제보다 더 빨리 알아차릴 수 있습니다. 돈 문제를 통해 부부 사이에 문제가 있다는 것을 빨리 알아차릴 수 있다면, 다행히 문제가 커지기 전에 예방할 수 있습니다.

그러면 부부 사이에 문제가 발생했음을 의미하는 몇 가지 신호에 대해 설명해 드리겠습니다.

남편과 아내의 재정이 분리되는 현상

먼저 남편과 아내가 각각 돈을 가지려는 태도입니다. 아내는 딴 주머니를 차고, 남편은 비상금을 숨깁니다. 이런 이야기를 교회에서 하면 아내와 남편이 서로 겸연쩍어 합니다. 왜 그럴까요? 대부분 딴 주머니를 각각 차고 있기 때문일 것입니다.

'여자도 여자들만의 돈이 있어야 한다', '남자도 아내 모르는 돈이 있어야 한다'는 생각을 흔히 하는데, 이것은 성경적인 생각이 아닙니다. 세상은 '분리하되 평등'을 가르칩니다. 그러나 하나님은 부부가 뭐든 하나가 되라고 말씀하십니다. 따라서 사소한 것 같지만, 부부가 서로 분리되는 초기의 징조 가운데 하나가 서로 재정을 분리하려는 현상입니다. 그러므로 결혼하면 재정을 꼭 하나로 합치기 바랍니다.

제 강의를 듣고 한 부인 집사님이 저녁을 먹고 나서, 통장을 남편한테 내놓았다고 합니다. 비상시에 쓰려고 결혼 전부터 모아 두었던 것인데 1천만 원 정도가 들어 있었습니다. 이것을 본 남편이 눈물을 흘리면서 기뻐했다고 합니다. 1천만 원 때문에도 기뻤겠지만, 하나 된 기쁨 때문에 더 감격했을 것입니다. 다시 한번 말씀드리지만, 부부간의 재정 분리는 부부 사이가 갈라지는 초기 신호입니다.

돈 문제에서 도피하려는 현상

'믿음'이라는 이름으로 흔히 잘못하는 실수가 있습니다. '하나님께서 알아서 빚을 갚아 주시겠지'라는 생각입니다. 카드빚이 연체되어 있으면서 자기가 해결할 생각은 안 하고 기도만 하는 것은 바른 태도가 아닙니다.

카드빚이 밀려 있으면 씀씀이부터 줄여야 합니다. 과소비하는 나쁜 습관을 고치고, 스스로 해결하기 위해 노력해야 합니다. 무작정 하나님께 해결해 달라고 미루는 것은 종교적인 도피에 불과합니다.

또한 부모님에게 재정적으로 의존하는 것은 결혼한 가정이 부모를 떠나 독립할 수 없게 합니다. 저는 자녀들이 집을 살 때 부모가 좀 보태 주는 것은 괜찮다고 생각합니다. 그런데 생활비가 적자인 자녀에게 수시로 돈을 보내는 것은 옳지 않습니다.

또 다른 위험성은 탐닉적인 소비, 다시 말하면 쇼핑 중독입니다. 기분전환을 위해 뭔가를 사들여야만 하는 증상, 일주일에

서너 번씩 백화점이나 할인점에 안 가면 머리가 아픈 증상, 홈쇼핑에 빠져 있는 증상 등이 그 신호입니다. 쇼핑중독은 여자들한테만 있는 것이 아니라 남자들에게도 있습니다.

십일조를 기피하는 현상

우리나라 그리스도인들은 헌금을 드리는 일에는 비교적 훈련이 잘되어 있습니다. 하지만 십일조를 기피하는 사람들이 있습니다. 저는 십일조에 대해 강조하고 싶습니다. 십일조는 우리의 수입 전부가 하나님께서 주신 것임을 인정하고 감사하는 마음으로 드리는 신앙의 표현입니다.

직장에 취업한 젊은이들은 소득이 높지 않습니다. 그래서 이렇게 이야기하는 분들이 좀 있습니다.

"저는 돈을 많이 벌면 십일조를 시작하겠습니다."

저는 확실하게 말할 수 있습니다. 적게 벌 때 십일조 못하면 많이 벌어도 못합니다. 소득이 많아지면 십일조가 더 어려워지니까요. 예를 들어 10만 원 벌 때 1만 원 십일조를 못하면, 1천만 원을 벌 때 100만 원 십일조를 못한다는 말입니다. 적은 돈보다 큰돈 헌금하기가 더 어렵지요. 1만 원은 있으나 없으나 차이가 별로 없지만, 100만 원은 큰돈이라서 그 돈으로 할 수 있는 일이 많습니다. 그렇기에 돈을 더 벌면 헌금하기가 더 어려워집니다.

처음부터 십일조를 시작하십시오. 그래야 이어집니다.

"만군의 여호와가 이르노라 너희의 온전한 십일조를 창고에 들여 나의 집에 양식이 있게 하고 그것으로 나를 시험하여 내가 하늘 문을 열고 너희에게 복을 쌓을 곳이 없도록 붓지 아니하나 보라"(말 3:10)

성경에 유일하게 하나님을 시험하도록 허용하신 것이 바로 십일조입니다. 자원하는 마음과 주신 것에 감사하는 마음으로 하십시오. 십일조는 하나님께서 나와 우리 가정의 주인이시라는 감사의 고백입니다.

돈은 하나님께서 나와 가족을 위해 사용하라고 주신 것입니다. 이와 함께 하나님과 이웃을 위해 사용하라고 주셨습니다. 그뿐만이 아니라 돈을 하나님의 뜻에 맞게 사용하면 영적인 풍성함을 누릴 수 있습니다.

돈만 추구하거나 돈에 매여 있는 사람은 결코 평안한 삶을 살 수 없습니다. 우리는 돈의 매임으로부터 자유함을 누려야 합니다. 하나님께서 돈을 우리를 위한 은사요 선물로 주셨습니다. 돈 문제를 방치하거나 돈에만 매여 있지 말고 선한 청지기로서 바르게 관리해야 함을 기억하고 실천해야 할 것입니다.

1. 내가 가진 재물, 재능 등 모든 것을 내 것으로 생각하는 경우와 주인이 하나님이라고 생각하는 경우에 소비 및 투자 생활은 어떤 차이가 있을까요?

2. 하나님 뜻에 합당한 재물의 용도를 생각해 보고, 자신의 경우에 어떻게 적용할 수 있을지 생각해 봅시다.

3. 자신의 소비에서 기본적인 필요와 사치스런 욕망을 어떻게 구분할 수 있을까요?

4. 하나님께 드림과 이웃에 나눔의 복을 경험한 적이 있다면 이야기해 봅시다.

5. 책에 소개된 결혼생활의 위험신호에서 우리 부부가 가진 경제적 신호가 있다면 나누어 봅시다.

6. 돈이 주는 영적 풍성함을 누리기 위해 내가 해야 할 일은 무엇인가요?

7. 이번 주에 실천해야 할 경제적 의사결정은 무엇인지 구체적으로 써 봅시다.

04

행복한 소비의
비결

신용사회는 장밋빛 미래인가?

현대는 신용사회라고 합니다. 돈이 없어도 신용과 능력만 있으면 얼마든지 자원을 동원할 수 있고 출자받아서 일할 수 있는 사회를 말하므로 정말 좋은 것이지요. 그러면 신용사회가 형성되면 가정의 경제적 문제가 개선되고, 금전적인 안정성이 늘어날까요? 그렇지 않습니다. 자본주의가 발달할수록 사람들의 경제적 안정성은 더 허약해집니다.

사실 미국은 신용사회의 오랜 전통을 가지고 있습니다. 집값의 10~20% 정도만 있어도 집을 살 수 있습니다. 평생 모기지 mortgage. 담보대출 할부 금융으로 갚을 수 있어서 집값이 비싼데도 큰 집에서 살 수 있는 것입니다.

하지만 실직하면 위험해집니다. 실직으로 할부금 상환을 3개월 이상 연체하면 집에서 쫓겨나 길거리에 나앉게 되어 가정이 무너지는 일이 빈번합니다. 우리나라는 집을 사거나 전세로 살기 때문에 집값의 70~80%를 자기 돈으로 충당하기에 실직해도 당장 집을 잃는 일은 드뭅니다. 그러니 실직해서 월세를 못 내면 그냥 길거리로 쫓겨나는 미국 사람들이 어찌 보면 더 위험하지요. 그래서 서양 사람들은 스스로 일컬어 '돌아가는 바퀴에서 달리는 꼴'이라고 표현합니다. 뛰지 않으면 안 되는 겁니다. 자본주의, 신용사회가 되면 안정성이 더 높아질 것 같지만 제대로 관리하지 못하면 더 위험해집니다. 그런데 우리나라도 경제발전은 계속되는데 가정의 경제적 안정성이 점점 약화됨을 볼 수 있습니다.

경제 위기 이후 신용불량자의 정의가 불명확하다고 하여 금융채무불이행자로 명칭이 바뀌었습니다. 정상적인 금융거래를 할 수 없는 금융채무불이행자가 2003년과 2004년도에 400만 명 가까이 증가했습니다. 2009년도에는 200만 명대, 2021년도에는 100만 명대로 감소했는데 최근의 감소는 코로나 등으로 만기를 연장하는 등 금융지원정책이 많아져서 줄어든 것입니다. 반면 2021년도에는 부동산 가격 급등 같은 이유로 가계부채가 2,000조 원에 이르게 되는데, 이를 우리나라 인구 5,182만 명으로 나누어 보면 1인당 부채가 3,560만 원 수준입니다. 아기가 태어나면서부터 3,500만 원 이상의 빚을 짊어지게 되는 것이지요.

또한 앞으로 소득분포가 '20:80의 사회'가 된다고 합니다. 얼마 전까지만 해도 소득분포가 항아리형이었습니다. 즉 위가 부유층, 아래가 빈곤층, 가운데가 중산층으로, 가운데가 가장 넓게 퍼져 있는 모양입니다. 중산층 인구 비율이 제일 높은 것이지요.

그런데 이제 '모래시계'형으로 바뀌어 갑니다. 중산층이 잘록해지고 부유층과 빈곤층이 늘어나 위 아래로 양극화되는 것이지요. 중산층은 줄고 빈익빈부익부 현상은 더 심해집니다. 그런데 미래학자들의 예언에 따르면 빈곤층의 비율이 더욱 커진다고 합니다. 원래 모래시계는 위와 아래의 크기가 동일한 50:50이지만, 앞으로의 소득분포는 위가 20, 아래가 80이 되어 빈곤층이 80%를 차지한다고 합니다.

인구 분포 중 많은 사람들이 중산층이거나 중산층을 지향할 것입니다. 하지만 상당수의 사람들이 저소득층으로 내려갈 위험에 처하게 되는 것입니다. 그러니 가정에서 재정 관리에 더욱 유의해야 합니다.

재물은 우리 삶에서 매우 중요합니다. 과도하게 욕심을 내도 곤란하지만, 너무 무관심해도 문제입니다. 돈에 대해 제대로 알고 지혜롭게 관리해 돈 걱정이 없게 해야 합니다. 이제까지 우리는 돈을 버는 데만 관심을 가져왔습니다. 그런데 돈을 버는 것도 중요하지만 관리하는 법을 아는 것이 더 중요합니다. 어떻게 쓰고, 어떻게 투자하고, 보험은 어떻게 들며, 노후 대비는

• • • • • •

돈을 버는 것도 중요하지만
관리하는 법을 아는 것이 더 중요합니다.

어떻게 할지 지혜로운 재테크 방법을 찾아가야 합니다.

가정경제의 목표는 재정적 안정성이다

저는 오랫동안 개인이나 가정의 경제적 목표가 무엇일까 생각해 보았습니다. 신앙적 목표, 교육적 목표 등 우리 삶에는 여러 가지 목표가 있는데, 그중에서 '경제적' 목표가 무엇이냐 하는 것입니다. 즉 '돈을 벌 때 어디에 목표를 두어야 하는가?'입니다. 대다수 사람들은 경제적 목표가 무엇보다 '돈을 많이 버는 것'이라고 생각합니다. 그래서 이런 말까지 나왔지요.

"머니머니 뭐니뭐니 해도 머니 Money 가 최고야!"

하지만 오랫동안 생각한 후에 제가 내린 결론은 많이 버는 것보다 더 중요한 것이 있다는 사실입니다. 즉 가정은 경제적 목표의 최우선 순위를 '재정적 안정성'에 두어야 합니다. 많은 사람들이 돈을 많이 벌면 재정적 안정성이 높아질 것으로 생각합니다. 그러나 반드시 그렇지는 않습니다. 오히려 부자들, 재벌들이 재정적으로 더 불안정합니다. 왜냐하면 계속 위험한 투자를 해야 할 뿐 아니라 대규모 투자 하나가 실패하면 기업이 도산하는 경우가 비일비재하기 때문입니다. 돈을 많이 벌면 재산의 변동성이 높아지기 때문에 불안정성이 높아질 가능성이 큽니다.

그러므로 경제적 의사결정을 할 때 돈을 많이 버는 방향으로 갈 것이 아니라, 불안정성을 최대한 줄이는 쪽으로 가야 합니다. 앞에서 중산층이 무너질 위험이 높아졌다는 말씀을 드렸지요? 그렇기에 더욱 주의해야 합니다.

그러면 재정적 안정성을 높이려면 어떻게 해야 하는지, 네 가지 비결을 살펴보겠습니다.

직업 능력을 유지하라

재정적 안정성을 유지하는 첫 번째 비결은 고정적인 수입 원천을 유지하는 것입니다. 그렇게 하기 위해서는 직장생활을 오래 유지해야 합니다. 그러나 우리에게 평생직장을 보장해 주는 곳은 없습니다. 이제는 '평생직장'에서 '평생 직업'으로 개념을 바꾸어야 합니다. '평생직장'은 평생 한 직장을 유지하는 것이었지만, '평생 직업'은 직업적 능력을 개발하고 유지함으로써 어느 직장에서든지 유용성 있는 존재가 되는 것이지요. 직업 능력을 탁월하게 유지해야 실직 당하지 않습니다. 이것이 기본입니다.

직장생활을 오랫동안 유지하기 위해서는 직장의 어느 한 분야에서 톱클래스에 속해 있어야 합니다. 사장이 생각할 때, 예를 들어 '고객관리는 김 과장' 이렇게 떠올라야지, '김 과장은 있으나 마나 한 사람' 식이 되면 곤란합니다. 기업이나 조직에서 적어도 '이 사람이 그 분야에 없으면 안 된다'는 평가를 받을 수 있게 자신의 직업 능력을 유지해야 합니다.

이전에 은행업계에서 P&A 자산부채이전, Purchase of assets & Assumption of liabilities 를 추진한 적이 있습니다. M&A 기업인수합병, Merger and Aquisition 는 기업을 합병하는 것이고, P&A는 우량금융기관이 부실 금융기관을 사 오는 것입니다. 대개 P&A를 하면 열 명 중 세 명 정도만 고용 승계가 됩니다. 살아남기가 참 어려운 상황이지요. 그런데 전원 고용 승계되는 직종이 있었습니다. 바로 전산직입니다. 전산직은 은행 업무에 없으면 안 되는 직책이기 때문입니다.

"그 사람은 우리 회사에 없으면 안 돼!"

어느 분야에서든 적어도 이런 소리를 들을 수 있어야 합니다. 평생 자신의 직업 능력을 길러야 합니다. 그래야 살아남을 수 있습니다. 그러기 위해서는 평생 학습을 통해 자신의 가치를 높여 가는 '자기 경영'에 충실해야 할 것입니다. 직장생활을 꾸준하게 유지함으로써 고정적인 수입원을 유지하는 것이 첫 번째입니다.

일생의 재정적 균형을 유지하라

우리의 일생 전체를 놓고 보면 수입과 소비의 불균형이 발생합니다. 청년과 중년 시기에는 소득이 소비보다 높아서 잉여 자금이 생기지만, 은퇴 후 노년에는 수입이 줄어들어 소득이 소비보다 낮게 되는 역전 현상이 일어납니다. 따라서 청·중년 시절의 잉여 현금을 노년 시절의 부족분을 보충하기 위해 이전하는 것이 중요합니다. 이런 과정을 평생 재무 계획 Lifetime financial planning 이라고 합니다.

　요사이 젊은 세대의 소비 풍조가 심상치 않습니다. 저희 세대는 허름한 중고차부터 몰았습니다. 그런데 요새는 큰 고급차를 사들입니다. 고급 리조트에 가도 어린아이를 동반한 젊은 부부들이 대부분입니다. 그렇다고 상대적인 소득수준이 우리 세대보다 크게 높아진 것도 아닌데 말이지요.

　욜로 YOLO. You Only Live Once의 앞 글자를 딴 말로, 현재 자신의 행복을 가장 중시하고 소비하는 태도를 말한다. 세대라고 합니다. 세상에 하나뿐인 내가 소중하고, 어차피 인생은 한 번뿐이니 지금 살 때 멋지게 살자는 생각입니다. 그러나 지금 번 돈을 지금 다 써버리면 노후에는 어떤 돈으로 살아가나요? 그래서 지금 연봉만으로 부족하니 부족한 돈을 벌기 위해 각종 투기적인 유혹에 휩쓸리기 쉽습니다.

　젊은 시절은 '소비'하는 때가 아니라 '투자'하는 때입니다. 돈도 지금 다 소비하는 것이 아니라 미래를 위해 투자하고, 경력관리와 학습도 미래를 위해 투자해야 합니다. 그래야 미래가 있습니다. 이처럼 일생에 거쳐 재정적 균형을 유지하는 것이 돈을 많이 버는 것보다 더 중요합니다. 6장에서 소개하는 일생의 재정관리에 주목하시기 바랍니다.

부채와 보증에 주의하라

안정된 가정이 재정적으로 붕괴되는 데 가장 큰 위협이 되는 것이 부채와 보증입니다. 가정이 빚에 눌리면 영적으로도 쪼그라듭니다. 과도한 빚의 압박에 시달리면 기도도 잘 되지 않습니다. 보증도 부채입니다. 집안을 한순간에 망가뜨릴 수 있는 거액의 부채지요. 이에 대하여 이어서 상세히 설명하겠습니다.

지혜로운 소비와 투자

재정 관리의 일상은 소비와 투자입니다. 지혜롭게 소비하고, 적절한 투자를 통해 재정적인 안정성을 높이는 것이 중요합니다. 이에 대해서도 아래에 구체적으로 설명하겠습니다.

부채의 굴레에서 벗어나는 것이 시작이다

부채에서 자유로워져라

성경은 부채에 대하여 엄히 경고합니다.

"부자는 가난한 자를 주관하고 빚진 자는 채주의 종이 되느니라"(잠 22:7)

빚은 영적 굴레입니다. 그리스도인 가정이 해야 할 첫 번째 일은 과도한 빚의 부담에서 벗어나는 것입니다.

과도한 빚에 시달리면 기도가 제대로 나오지 않습니다. 빚쟁이의 전화가 지옥의 목소리보다 더 공포스럽다고 합니다. 빚쟁이의 독촉에 시달리다가 각종 투자사기에 걸려들거나, 심지어 평범한 가장이 은행을 털러 갔다가 여직원에게 붙들리는 희극 같은 비극을 만나기도 합니다.

살다 보면 빚질 때도 있습니다. 하지만 과도한 부채를 지지 않도록 조심하고 이미 과한 빚이 있다면 조정해야 합니다. 물론 집을 사기 위해 금융기관에서 감당할 만한 수준의 부채를 조달하는 것은 그래도 견딜 만합니다. 가치를 가진 자산이 남아 있으니까요. 그러나 단순 투자 목적으로 빚을 내는 것은 레버리지Leverage효과로 인해 투자의 위험이 증폭되기 때문에 가정을 재정적 위기로 몰아갈 수 있습니다. 레버리지효과는 5장에서 자세히 설명드리겠습니다.

가장 위험한 것은 매달 생활비 부족으로 빚이 누적되는 현상입니다. 이때는 생활비를 줄여야 합니다. 생활비 빚의 가장 큰 주범은 마이너스 통장과 신용카드입니다. 마이너스 통장은 내려갈 때는 수직으로 내려가고, 그 이후로는 올라오지 않습니다. 마이너스 통장을 개설하기보다 친구에게 돈을 빌리십시오. 친구에게 돈을 빌리려면 얼마나 민망합니까. 그러면 빌리는 횟수가 줄어들게 되겠지요.

다음으로 자기도 모르게 빚이 쌓이게 하는 신용카드에 대하여 좀 더 자세히 이야기해 보도록 하겠습니다.

신용카드를 조심하라

빚지지 않는 것이 중요하다고 말씀드렸습니다. 빚 중에서 집을 사느라 일정 한도에서 대출받는 것은 물건이 남아 있어 어느 정도 감당할 수 있습니다. 그러나 매달 적자로 생활비 빚이 누적되면 심각해집니다. 그런데 부족한 생활비를 충당하기 위해 신용카드를 돌려쓰는 사람들이 많습니다. 하지만 이 또한 빚입니다.

신용카드와 관련해 문제가 심각해지는 것은 개인의 무절제한 소비생활 때문입니다. 대개 자신의 수입을 넘어서는 과잉 소비가 문제입니다. "외상으로 소도 잡아먹는다"는 말처럼 카드 한 장이면 쉽게 물건을 손에 넣을 수 있으니 자기도 모르는 사이 과소비를 하게 되지요. 신용카드를 잘못 사용하면 불량카드가 될 수 있으니 유의하여 사용하시기 바랍니다.

신용카드를 사용할 때 다음과 같은 원칙을 세워 두면 좋습니다.

첫 번째 원칙은 '용도를 정해 놓고 사용한다'입니다. 매달 지출 예산을 세울 때 신용카드를 사용할 항목을 지정하고, 각각의 항목에 카드 사용 금액 한도를 정해 놓는 것입니다. 저는 기차표를 끊거나 주유할 때, 온라인 구매를 할 때 주로 카드를 사용합니다.

두 번째 원칙은 '돈이 떨어졌을 때, 외상으로 신용카드를 쓰지 않는다'입니다. 많은 사람들이 돈이 없으니 이번 달에는 카드로 쓰고 다음 달에 갚는다고 생각하는데, 그게 다 빚입니다. 특히 생활비가 바닥나서 마음이 허전할 때, 신용카드로 외식하거나 쇼핑하고 싶은 유혹을 이겨내야 합니다. 먹고 즐거운 것은 한순간이며, 한 달 후 청구서를 받을 때의 고통은 이루 말할 수 없습니다.

세 번째 원칙은 만약 '연체 통지서를 받으면 그 즉시 신용카드는 파기한다'입니다. 연체 통지서는 '당신은 이 신용카드를 쓸 자격이 없습니다'라는 경고장입니다. 신용카드를 없애는 방법을 알려드리겠습니다. 못 쓰는 프라이팬에 폐식용유를 넣고 가열한 후 신용카드를 떨어뜨려 녹이는 것입니다. 녹아가는 카드를 보면서 회개의 눈물을 흘리기 바랍니다. 다 녹기 전에 나무젓가락으로 건져서 물로 씻은 다음 화장대 거울에 붙여 놓고 두고두고 보면서 교훈으로 삼으십시오. 어쨌든 카드 연체가 되지 않도록 주의해야 합니다.

보증은 거액의 부채다

성경은 보증에 대해 더욱 엄히 경고합니다.

"너는 사람과 더불어 손을 잡지 말며 남의 빚에 보증을 서지 말라 만일 갚을 것이 네게 없으면 네 누운 침상도 빼앗길 것이라 네가 어찌 그리하겠느냐"(잠 22:26~27)

위의 말씀과 같이 보증은 가족을 순식간에 길바닥으로 내몰

수 있습니다. 보증은 부채입니다. 그것도 거액의 부채입니다. 보증을 서주기보다 보증보험을 들어 주시기 바랍니다. 소규모 기업에서 임직원들에게 기업의 보증을 요구하는 경우가 있는데, 정말 위험한 의사결정이니 신중하시기 바랍니다. 적어도 부도가 나서 내가 보증한 금액을 물어 줄 경우, 우리 집이 감당할 수 있을지를 생각하고 가능한 금액 이하를 고려해 보기 바랍니다. 우리 집 전체를 걸고 보증을 설 수는 없지 않습니까? 보증선 금액은 그 자체가 보증자에게 잠재적인 부채가 됨을 유의해야 합니다.

돈을 관리하고 돈을 공부하라

돈의 흐름을 파악하라

회계에서 유명한 격언이 있습니다. "측정해야 개선된다." 그렇습니다. 중요한 사항과 지표들은 수치로 측정하여 관리해야 개선 방안을 찾을 수 있습니다.

가정에서도 수입과 지출을 기록해 돈의 흐름을 파악하는 것이 규모 있는 살림의 첫걸음입니다. 기록한다고 하면 많은 사람들이 가계부를 떠올리지요. 실제로 가계부를 쓰면 많이 달라진다고 합니다. 돈의 흐름이 선명하게 나타나기 때문이지요. 가계부를 작성하셨다면, 이후 이를 잘 분석하여 가정 재정 계획에 활용하는 것이 중요합니다.

가계부를 쓰는 것은 가정의 재정 흐름을 파악하기 위해서입니다. 콩나물값까지 일일이 적을 필요는 없습니다. 각종 지출을 주거비, 에너지비, 식료품비, 교육비, 문화비, 교통비, 통신비, 비품비, 보험료, 경조사비, 의료미용비, 생활용품비 등 주요한 항목으로 나눠서 집계하는 것이 중요합니다. 또한 수입을 월급, 알바 수입, 이자, 임대료 수입, 투자수익 등으로 구분하여 적습니다. 그러면 어디서 돈이 들어오고 어디로 나가는지 돈의 규모와 흐름을 알 수 있습니다.

더 이상 절약할 것이 없어서 가계부를 쓸 필요가 없다고 하는 사람들이 많습니다. 그러나 일단 써보면 달라진다고 경험자들이 이구동성으로 말합니다. 가계부를 큰 항목별로 구분해 보면 깜짝 놀라는 일이 생깁니다. 평소에 생각하던 지출 규모와 실제 지출이 다르게 나와서 놀랍니다. '과외비가 이렇게 많이 나가는지 몰랐네' '통신비가 이렇게 많이 나가는구나'라고 깨달으면서 재정 관리가 시작됩니다.

그러므로 가계부를 쓸 때는 수입과 지출을 주요한 항목별로 구분하여 기록해야 합니다. 그러면 지난해 또는 지난달과 비교할 수도 있고, 국민 가계 평균과 비교하여 나의 소비와 저축 수준을 비교할 수 있습니다.

요즈음 지출이나 자산, 부채의 관리를 도와주는 웹사이트나

모바일 앱이 많습니다. 이를 활용하면 가계부를 쓰는 차원을 넘어서 지출 패턴을 분석할 수 있지요. 또는 여러 곳으로 흩어져 있는 자산 및 부채를 모아서 종합적으로 보여 주는 앱도 있습니다. 이런 도구를 잘 이용하면 가정의 재정 관리에 큰 도움을 얻을 수 있습니다.

가계부를 일일이 적는 것이 번거롭다면 전통적으로 봉투분류법을 쓰는 것도 좋습니다. 각 지출 항목별로 봉투를 만들고, 지출이 예상되는 금액을 봉투별로 나누어 넣은 다음 이 금액이 예산 역할을 합니다. 각각의 봉투에서 꺼내 쓰는 이 금액이 지출입니다. 겁니다. 맨 먼저 바닥나는 봉투가 예산보다 지출이 많은 주의를 요하는 비용입니다. 물론 돈이 부족할 경우 다른 봉투의 돈을 사용할 수도 있지만, 이렇게 하면 가계부를 쓰지 않아도 돈의 흐름을 파악할 수 있고 관리를 시작할 수 있습니다.

돈을 공부하여 금융맹에서 벗어나라

돈은 우리 삶에서 중요합니다. 따라서 돈에 대하여 적극적으로 공부해야 합니다. 주식은 무엇인지, 투자위험은 무엇인지, 전세금은 어떻게 해야 보호받을 수 있는지 공부하고 대처해야 합니다. 글을 모르면 '문맹'이라고 하듯이, 돈에 대하여 무지한 '금융맹' 또는 '돈맹'에서 벗어나야 합니다. 아무것도 모르고 무모하게 덤벼서 될 일이 아닙니다.

전 세계에서 가장 많이 팔린 가정 재테크 책이 로버트 기요사키의 《부자 아빠 가난한 아빠》_{민음인}라고 합니다. 이 책은 보편적인 경제 원리에서 벗어난 투자 방법을 언급하고 있어 저는 동의하지 않는 부분이 많습니다. 하지만 이 책이 주는 교훈이 있습니다.

"돈에 대해서 긍정적으로 생각하고, 적극적으로 공부해서 관리하라."

맞는 말입니다. 중요하니 알고 관리해야 하지요. 그런데 많은 그리스도인들이 이렇게 생각합니다.

"난 그리스도인이니까 하나님이 알아서 어떻게 해 주시겠지."

"돈은 부정하고 세속적이니까 멀리 해야지."

이는 올바른 생각이 아닙니다. 문맹은 줄어들고 있지만 금융맹, 돈맹 등 돈에 대해 잘 모르는 사람이 여전히 많습니다.

물론 우리나라도 경제 교육을 하고 있습니다. 학교에서 경제 원론을 가르치는데, 교과서를 보면 '물가지수란 무엇인가?' 등 경제 상식을 늘리는 데는 도움이 될지 모르지만, 생활에는 별 도움이 되지 않는 내용들입니다. 건전한 소비와 투자 생활에 대한 실제 지침들을 학교에서 가르쳐야 합니다. 최근에는 금융교육, 회계교육, 소비교육, 재산관리교육이 이뤄지고 있는데, 바람직한 현상이라고 생각합니다. 아울러 신용카드를 어떻게 사용해야 하는지도 잘 배워야 합니다. 돈맹은 자신뿐 아니라 가족까지도 무너뜨릴 수 있습니다.

인터넷에 여러 가지 경제 교육 사이트들이 있습니다. 가급적 공식 기관의 사이트를 이용하는 것이 좋습니다. 투자, 부동산 분야의 개인 유튜브 등은 자극적인 주장을 하는 경우가 제법 있으니 주의해야 합니다. 쉽게 접근할 수 있는 주요 금융교육 사이트는 다음과 같습니다.

기획재정부 경제배움터 (https://www.econedu.go.kr/mec/ots/main.do)

KDI 경제정보센터-경제교육 (https://eiec.kdi.re.kr/material/pblList.do)

신한이지 통합 금융교육 플랫폼 (https://shinhan-easy.hunet.co.kr/Edu/Home)

어려움에 부닥치면 전문가의 도움을 받으라

빚을 방치하면 이자에 이자가 붙어서 눈덩이처럼 커집니다. 빚 문제가 커지기 전 초기에 전문가의 도움을 받아 합당한 대책을 마련하는 것이 신용불량에서 벗어나는 지름길입니다. 가정의 신용에 어려움이 있는 분들은 지역의 금융복지상담센터나 은행연합회에서 운영하는 신용회복위원회 www.pcrs.or.kr 의 도움을 받으십시오. 초기에 주위 전문가들이나 이런 단체의 도움을 받으면 더 이상 악화되는 것을 방지하고 합리적인 대책을 마련하는 데 도움이 됩니다.

가정 경제에 위험신호를 감지하면 빨리 도움을 받아야 합니다. 그렇게 하면 길이 생깁니다. 도움을 받지 않고 빚 독촉에 쫓

기면 너무 괴로운 나머지 엉뚱한 생각을 하기도 합니다. 도저히 안 되니 나중에는 은행을 털러 나타나는 일이 생기기도 하지요. 돈에 대한 압박은 너무나 무섭고 괴로운 일입니다. 오죽하면 자살까지 하겠습니까?

무엇보다 돈에 대해 체계적으로 배워야 합니다. 그런데 아이러니하게도 현대인들의 가장 큰 터부가 돈입니다. 그러다 보니 교회에서 돈에 대하여, 특히 경제적 어려움에 대해 터놓고 이야기하는 것을 꺼리지요. 그러나 이런 어려움을 교회에서 이야기할 수 있어야 합니다.

성性이나 돈은 하나님이 주신 좋은 선물입니다. 이것을 숨기고 쉬쉬하고 터부시하다 보니 오히려 왜곡된 부분적인 정보가 난무합니다. 음담패설, 음란 비디오, 돈을 한탕 해먹은 이야기 등이 인터넷 등 각종 매체에 흔하게 등장합니다. 잘못된 정보들이 성행하니 성에 대해서도 굴절된 모습이 나타나고, 돈에 대해서도 과소비 등의 왜곡된 현상이 생기는 것입니다. 이에 대하여 교회에서 바른 재정관을 심어 주어야 합니다. 영성학자인 리처드 포스터가 《돈, 섹스, 권력》두란노이라는 책을 기술한 것도 가장 세속적인 주제, 우리 삶에서 가장 위험한 주제를 성경 말씀에 따라 해결해야 한다는 의도에서였다고 합니다.

돈이 우리를 다스리게 하는 것이 아니라, 우리가 돈을 다스리는 것이 하나님의 자녀로서 돈을 바르게 관리하는 태도입니다. 그러므로 미리 원칙을 정하고 지켜가는 것이 가장 바람직한 방향입니다.

지혜로운 소비의 비결

절제 있는 소비생활을 하라

경제 불황이 지속되니 소비를 많이 해서 내수를 살려야 한다는 주장이 많습니다. 불황이라 수중에 들어오는 돈이 없는데 무슨 소비를 할 수 있습니까? 소비 중에는 줄여야 할 소비가 있고, 늘려야 할 소비가 있습니다.

경제 불황 때 늘려야 할 소비는 영세민들이 파는 품목들입니다. 야채, 떡, 김밥 같은 것들은 많이 사주는 것이 좋습니다. 이런 소비는 서민들을 도와주는 착한 소비입니다. 돈도 많이 들지 않습니다. 하지만 이 시기에 신제품을 사용하기 위해 가전제품, 자동차를 바꾸는 것은 지혜로운 소비가 아닙니다. 줄여야 할 소비지요. 대기업을 걱정할 필요는 없습니다. 대기업들은 호황이든 불황이든 스스로 생존전략을 만들어 갑니다. 그러니 굳이 대기업을 염려해서 과분하게 물건을 사줄 필요는 없습니다.

소비할 때 주의할 것은 제품 광고에 현혹되지 않는 것입니다. 특히 홈쇼핑 광고에 주의하십시오. 계속 보고 있으면 전화를 걸지 않고는 못 배깁니다. 그들은 우리를 유혹하는 전문가들입니다. 홈쇼핑 TV 광고를 볼 때 이렇게 외치면서 보십시오.

"웃기고 있네! 말도 안 돼! 누가 속을 줄 알고!"

그래야 사고 싶은 유혹을 이길 수 있습니다. 광고에는 사람들을 현혹하는 고단수 전략이 숨어 있습니다.

우리 집에서는 아내가 홈쇼핑을 보고 있으면, 제가 외쳐댑니다. 아내가 제 말에 "또 그 소리 하네요!" 하고 핀잔을 주기도 합니다. 그래도 저는 계속합니다. 반복적으로 하지 않으면 속아 넘어가니까요. 광고 만드는 사람들은 그 분야의 전문가들입니다. 우리나라 사람들은 구매 계획이 없어도 물건이 좋으면 즉석에서 사는 이들이 50%나 됩니다. 두 사람 중 한 명꼴로 충동구매를 한다는 뜻입니다. 그러고 나면 꼭 후회하게 되지요.

충동구매를 피하고, 지혜롭게 물건을 장만할 수 있는 세 가지 요령을 알려드리겠습니다.

첫째, 얻을 때까지 기다리라

물건을 가장 잘 마련하는 첫 번째 요령은 '얻을 때까지 기다린다'입니다. 마음을 굳게 먹고 기다리십시오. 그러면 나타나게 되어 있습니다.

여러분의 가정은 물건이 부족해서 문제입니까, 남아돌아서 문제입니까? 대부분 남는 물건이 많을 것입니다. 옷장속에도 입지 않는 옷이 많지 않나요?

《단순하게 살아라》김영사의 저자가 말하길, 집에 있는 물건 중

70~80%가 사용하지 않는 물건이고, 이것들이 에너지의 흐름을 막는다고 합니다. 쉬운 말로 우리의 정돈된 삶을 방해하는 거지요. 그런데도 우리는 물건을 자꾸 사서 쌓아 놓습니다. 집안만 어지럽게 만드는 것입니다. 이제는 제발 덜 사고, 버릴 것은 버리고 살아야 합니다.

물건이 필요할 때는 주변에 소문을 내고 기도하면서 기다리십시오. 그러면 필요한 물건이 나타날 것입니다. 아울러 내게 필요 없는 물건을 나누는 것도 중요합니다.

우리 교회는 선교지에 갈 때, 집에서 사용하지 않는 새 물건을 가져오라고 광고해서 선물을 마련합니다. 사놓고 포장도 뜯지 않은 채 쌓아둔 새 물건들 말입니다. 수건, 양말, 치약, 비누, 우산, 학용품, 완구 등 생필품이 몇 박스씩 나옵니다. 각 가정에서 안 쓰는 물건만 모아도 선교지에 가지고 갈 선물이 차고 넘칩니다.

물건이 필요할 때는 얻을 때까지 기다리십시오. 그것이 가장 지혜로운 방법입니다. 우리 교회 여 집사님이 저에게 이런 말을 한 적이 있습니다.

"집사님 말씀이 진짜 맞아요. 밥솥이 필요해서 하나 사려다가 집사님 말씀이 생각나서 기다렸거든요. 그랬더니 글쎄, 남편이 회사 야유회에 가서 상품으로 밥솥을 받아왔지 뭐예요!"

기분 좋은 일 아닙니까? 서로 유무상통 有無相通 해서 물건을 나

뉘 쓰는 것은 좋은 공동체의 모습입니다. 교회에서 물건을 나눠 쓰기 위한 아나바다 장터나 바자회를 여는 것도 매우 바람직한 일이라 할 수 있습니다.

둘째, 중고품을 구입하라

두 번째 요령은 '중고품을 산다'입니다. 계속 기다려도 물건이 생기지 않으면 중고품 구매를 고려해 보십시오. 우리나라에는 중고품 중 쓸 만한 것이 많고, 거래 앱이나 사이트들도 많습니다. 일반적으로 후진국일수록 중고품을 안 쓰고 선진국일수록 많이 쓰는 것 같습니다. 미국 등 선진국 사람들은 주말마다 차고에 중고품을 진열해서 싸게 파는 거라지세일 Garage sale 을 합니다. 저도 미국에 살 때 여기서 살림을 많이 장만했습니다. 미국의 어느 집 거라지세일 차고 앞에 이렇게 써 붙어 있었습니다.

"Find Treasures in Trash!" 쓰레기통에서 보물을 찾아라.

너무나 적절한 표현이라고 생각합니다. 중고품도 좋은 물건들이 많습니다. 예전에는 거의 닳을 때까지 입거나 써서 상태가 좋지 않았지만, 지금은 새것이나 다름없는 것들이 많습니다.

제 아들이 초등학생 때 자전거를 사달라고 해서 같이 자전거 판매점에 간 적이 있습니다. 막상 가보니 너무 비싸서 다시 생각해 보자고 하고 그냥 돌아왔습니다. 돌아오는 길에 아들에게 중고 자전거를 사면 안 되겠냐고 물었습니다.

"아빠, 새것을 사도 3일만 지나면 중고가 되잖아요!"

기특하게도 아들이 아빠의 말을 들어 주었습니다. 그래서 그 당시 중고거래를 할 수 있는 〈벼룩시장〉과 〈교차로〉에 광고를 냈습니다. 물론 요즘은 인터넷 중고거래 사이트나 당근마켓 같은 앱을 이용하는 이들이 많지요. 당시 물건을 구입하는 광고는 무료였습니다.

"삽니다. 16단 자전거. 초등학생용. 7만 원!"

다음 날 전화가 20통이나 걸려 왔습니다. 그중 3분의 1이 산지 6개월도 안 된 것들이었습니다. 이때 훔친 물건이 아닌지 잘 살펴봐야 합니다. 장물을 가진 사람들은 전화번호를 잘 가르쳐 주지 않습니다. 아무튼 저는 어느 대학생에게 자전거를 샀습니다. 6개월 전에 20만 원이나 주고 좋은 자전거를 샀는데 서울에 취직이 되어, 팔고 가려고 애를 썼는데 팔지 못했다고 하더군요.

"얼마를 줄까요?"

7만 원을 달라고 해서 8만 원을 주었습니다. 우리 집에는 50:50 원칙이 있습니다. 내가 4만 원을 내고 아이들이 4만 원을 냈습니다. 그렇게 해야 물건이 소중한 줄 압니다.

제 아이들은 사고 싶은 것이 있으면 아빠한테 반값을 내달라고 했습니다. 물론 학교 다니는 데 필요한 것은 사줍니다. 노트

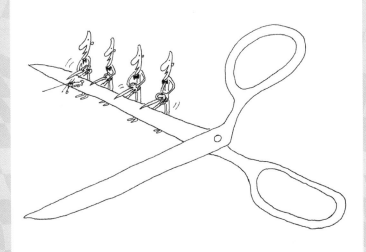

• • • • • •

빚은 영적 굴레입니다.
그리스도인 가정이 해야 할 첫 번째 일은
과도한 빚의 부담에서 벗어나는 것입니다.

도 사주고 학비도 대 주지만 게임기나 컴퓨터를 살 때는 50:50 원칙을 지켜서 사줍니다.

제가 미국으로 출장 갈 때 아이들이 워크맨을 사달라고 한 적이 있습니다. 그래서 3만 원을 내면 사다 주겠다고 했는데, 가만히 생각해 보더니 안 사겠다고 하는 겁니다. 아빠가 사주면 10만 원이 아니라 100만 원짜리도 괜찮겠지만, 자기들도 3만 원을 내야 하니, 그 돈을 쓸 가치가 없다는 것을 깨달은 거지요.

당시 미국 출장길에 한인 교회에서 강의할 기회가 있어서 이 이야기를 우스갯소리로 했더니 선배 집사님 한 분이 말씀하시더군요.

"아니, 조 교수! 사람이 왜 그렇게 쩨쩨해?"

그러면서 당시에 가장 좋은 워크맨을 사주셨습니다. 얻을 때까지 기다리니 정말 좋은 물건이 공짜로 생겼습니다. 첫 번째 요령이 맞은 겁니다.

셋째, 한 달을 기다리라

물건을 잘 사기 위한 최후 수단이자 세 번째 요령은 '한 달 규칙'입니다. 물건을 사고 싶으면 한 달을 기다리는 것입니다. 7월 초가 되면 더워져서 에어컨 생각이 납니다. 이럴 때 '7월 10일, 에어컨'이라고 적어 놓고 8월 10일까지 한 달 동안 기다립니다. 그런데 규칙이 하나 더 있습니다. 에어컨 외에 다른 물건을 생각하면 안 됩니다. 물건을 바꾸면 그때부터 다시 한 달을 기다립니다. 8월 10일에 '에어컨'이라 쓴 종이를 꺼내 놓고 살까 말까 다시 생각해 봅니다. '더위 조금만 참으면 되지. 그만두자!' 그런 생각이 들면 성공한 것입니다.

하지만 오해하지 마십시오. 절대 물건을 사지 말라는 뜻이 아닙니다. 충동구매에 주의하라는 것이지요. 충동적으로 물건을 사서 후회하는 경우가 얼마나 많습니까? 더우니까 당장 에어컨을 샀는데 태풍이 시작되어 쓰지도 못하고 거실에서 썩히는 경우가 많습니다. 한 달 뒤에도 정말 필요하다고 판단되면 사십시오. 한 달이 어렵다면 일주일이라도 기다려 보기 바랍니다.

요즘은 새로운 디자인으로 해마다 신상 가전제품이 우리를 유혹하니 성능이 좋은데도 새 제품으로 쉽게 바꾸는 경향이 있습니다. 미국 사람들은 가전제품을 한 번 사면 TV는 평균 11년을 사용합니다. 저도 결혼한 지 10년 만에 TV 바꾼 것을 회개했습니다. 그리고 세탁기 13년, 냉장고 15년, 가스레인지 18년, 이렇게 씁니다. 이것이 평균치니 더 오래 쓰는 사람들이 절반은 된다는 이야기겠지요.

전통적으로 우리나라에서는 근검절약이 미덕이었습니다. 그런데 80년대 말부터 이 전통이 깨지기 시작했습니다. 갑자기 부자가 된 일부 졸부_{猝富} 계층에서부터 과소비가 일어났습니다. 부동산 가격 상승 등으로 졸지에 불로소득을 얻은 사람들이 과시하려는 목적으로 사치스러운 소비를 했습니다.

원래 힘들게 돈을 번 사람은 함부로 쓰지 못합니다. 우리 속담에 "지게 지고 버는 사람 따로, 갓 쓰고 쓰는 사람 따로"라는 말이 있습니다. 지게 지고 어렵게 번 사람들은 펑펑 쓰지 못합니다. 실제로 우리 부모님 세대는 소비를 잘 하지 않았습니다. 선풍기를 43년 동안 사용하거나 냉장고를 30년 넘게 사용한 사람도 있습니다. 세계적인 기록이라고 합니다. 아껴 쓰는 사람들은 근검절약한다고 자랑하지 않습니다. 그래서 그런 분들은 잘 보이지 않지요.

그러나 졸부들은 과시하고 싶은 욕망으로 눈에 띄게 사치하고 과소비하며 떠벌리고 다닙니다. 이런 현상들을 경제학에서는 '천민자본주의'賤民資本主義라고 합니다. '천박한 자본주의'라는 뜻이지요. 이처럼 과소비로 상승한 신분을 과시하는 분위기에서 소득이 못 미치는 사람들까지도 모방 소비를 하게 되었습니다.

이러한 수준 낮은 소비문화에 흔들리지 마십시오. 주위에 과소비하는 분들이 있다면, 이것은 고상하지 않은 천민자본주의라고 생각하면서 넘기시기 바랍니다.

우리나라 가정의 과소비 항목들

다른 나라에 비해 우리나라 가정에서 지출이 특히 많은 항목이 있습니다. 과하다고 할 수 있지요. 지출이 과도하다는 것은 줄일 필요가 있다는 뜻입니다. 공교롭게도 모두 '교'자를 가지고 있는데, 그렇기에 "3교"비로 기억하고 이를 조심해야 합니다. 첫째로 교제비에 해당하는 외식비와 경조사비입니다. 둘째로 교육비, 특히 사교육비입니다. 셋째로 교통·통신비입니다.

교제비에서 부담이 많은 것이 외식비입니다. 요즘은 더 많아졌지만 우리나라 사람들은 외식을 한 달에 다섯 번쯤 한다고 합니다. 다섯 번 하는 외식비를 합치면 15일분의 식료품비와 비슷합니다. 한 번 외식할 때 사흘치의 식비가 들어가는 것이지요. 따라서 외식비는 가장 먼저 줄여야 할 항목입니다.

또 부담이 큰 것이 경조사비입니다. 주변에 경조사가 얼마나 많은지, 어떤 주말에는 부부가 뛰어도 다 못 갈 정도입니다. 결혼식 축의금, 돌잔치 축하금, 장례식 부의금으로 들어가는 비용이 만만치 않습니다. 부조는 일종의 미풍양속이었습니다. 어려울 때 십시일반 내서 필요를 채워 주자는 의미인데, 그것이 변질되어 가정 경제에 부담을 주게 되었습니다.

그런데 결혼식 축의금이 다 어디로 가겠습니까? 절반은 그날 예식장비로 들어갑니다. 따라서 덜 받고 덜 먹으면 됩니다. 경조사비를 과도하게 쓰니 정부에서 규정을 정한 적이 있었습니다. 장·차관은 5만 원, 실·국장은 3만 원, 과장은 2만 원, 사무관은 1만 원으로 정한 적도 있었습니다. 그러나 지켜지지 않았습니다. 최근에 소위 김영란법이 제정되어 5만 원 이내로 정해졌지만, 잘 지켜지지 않습니다.

저는 교회에서 정하면 교회 내 행사에서는 지켜지지 않을까 생각해 보았습니다. 적게 받고 간소한 결혼식을 하는 것이지요. 교회에서는 음식을 만들기 어렵다고 하는데 뷔페를 불러서 하면 됩니다. 교회에 음식을 잘하시는 분들도 많이 계십니다. 또 교회 조명이 어두워서 사진이 잘 안 나온다고 하니 조명도 좀 밝게 고쳐 놓으면 괜찮을 것 같습니다. 그러면 비용도 절감될 것입니다. 사실 저는 아들 둘을 결혼시킬 때 사촌과 이모까지만 초청했습니다. 아들 친구 중 초대받아 기뻐할 사람만 부르라고 했더니 100명 정도로 간소한 결혼식을 올릴 수 있었습니다. 부담도 적고 번거롭지도 않고 참 좋았습니다.

부담이 큰 두 번째 항목은 교육비입니다. 특히 사교육비 부담이 크지요. 참 어려운 문제입니다. 과외시키고 학원에 보내는 것은 사실 부모가 안심하고 위로받기 위해서라고 생각합니다. 아이들이 공부를 잘하려면 우선 철이 들어야 합니다. 공부의 의미를 알고, 공부해야 하는 목적을 알아야 합니다. 그러기 위해서는 아이들이 비전을 갖고, 그 비전을 이루기 위해 동기부여가 되어 스스로 필요한 공부를 하는 것이 비결입니다.

우리나라가 임금이 많이 올랐는데도 늘 가정 재정이 어려운 이유 중 하나는 비싼 사교육비 때문입니다. 지금은 더 비싸졌겠지만, 경제위기 이전에 고등학생 한 명당 들어가는 사교육비가 평균 40만 원 정도였습니다. 두 명이면 100만 원에서 150만 원 정도 되는데, 세상에 어느 집이 한 달에 이렇게 많은 돈을 들이고도 쓸 돈이 남아 있겠습니까? 아무리 월급이 올라도 사교육비가 뭉텅뭉텅 늘어나니 남는 돈이 없습니다.

세 번째로 주의해야 할 것은 교통비와 통신비입니다. 자동차를 구입하면 자동차값도 많이 들지만, 기름값이나 보험료 등의 유지비, 그리고 차를 타고 돌아다니며 먹는 비용이 만만치 않습니다. 통신비란 인터넷 사용료, 휴대폰 기기값과 요금 등이 해당됩니다.

그리스도인들은 특히 인터넷과 TV의 영향력에서 벗어나야 합니다. 둘 다 중독성이 있을 뿐 아니라 TV와 인터넷을 아무 생각 없이 보느라 기도와 말씀 묵상의 시간을 빼앗기기 때문입니다. 또 냉장고만큼이나 비싼 휴대폰을 매년 바꾸는 경우도 많이 봅니다. 꼭 필요한 일인지 생각해 봐야 합니다.

1. 개인적으로 또는 가정에서 재정관리의 의사결정에 기준이
   되는 경제적 목표를 설정해 봅시다.

2. 이 장에서 언급한 신용카드 사용 원칙이 무엇이었나요? 자
   신의 카드 사용 습관과 소비 습관을 이러한 원칙에 비추어
   평가해 봅시다.

3. 물건을 구매할 때 몇 가지 원칙을 세워 보고, 고쳐야 할 소
   비패턴이 있는지 점검해 봅시다.

4. 자신의 수입과 지출, 돈의 흐름을 제대로 파악할 수 있는
   방법을 찾아 실천해 봅시다.

5. 다른 가정이나 표준적인 지출 비율과 비교할 때, 우리 가정
   에서 지나치게 큰 비중을 차지하는 지출 항목이 무엇인지
   찾아서 이를 줄일 수 있는 방법을 토론해 봅시다.

6. 이번 주에 실천해야 할 경제적 의사결정은 무엇인지 구체
   적으로 써 봅시다.

05

투자,
어떻게 하나?

불안감에서 시작된 투기 광풍

"부우자 되세요오!"

한동안 유행하던 덕담입니다. 한 회사의 광고 문구가 순식간에 사람들 사이에 퍼져 나갔습니다. 그 이유는 이 말이 우리 마음속에 있는 부에 대한 열망을 충족시키는 한 마디였기 때문일 것입니다.

그런데 이렇게 부자가 되기를 기원하는 덕담들은 매년 재생산되고 있습니다. 부와 관련된 덕담이 유행하는 것은 그만큼 우리 마음속에 벼락부자에 대한 열망, 향락주의, 그리고 미래에 대한 불안감이 깊이 자리하고 있다는 것을 시사합니다.

2019년 이후 우리나라 투자시장에서 유행하는 신조어 중 가장 눈에 띄는 것이 '영끌'과 '동학개미운동'입니다. '영끌'이란 부동산시장에서 부족한 돈을 메꾸기 위해 정상적인 대출뿐만 아니라 가능한 모든 돈, 거기에 영혼까지 끌어모아 대출을 받아 집을 사는 패닉바잉 _{panic buying} 현상을 말합니다. 패닉바잉은 너무 불안한 나머지 집을 사기 위해 가격과 관계없이 무조건 사들이는 매점·매석 현상으로, 매우 비정상적이고 무리한 구매 행동이라 할 수 있습니다.

주식시장에 나타난 '동학개미운동'은 동학운동과 아무 상관이 없습니다. 우리나라 주식시장을 주도하는 외국인들을 서편으로 간주하고, 이들의 대규모 매도세에 맞서 개인투자자들이 매수로 받아내어 향후 상승장에 이득을 얻고자 하는 행동을 말합니다. 이런 투자 형태를 동학개미운동으로 부르는데, 우리나라 주식시장은 우리가 지킨다는 애국적인 느낌으로 표현한 말입니다. 이러한 신조어들은 모두 30~40대가 주도한 투자 현상들입니다.

게다가 코로나19 팬데믹 상황에서 실물 경제는 침체하는데 자산 가격이 올라가는 기이한 현상이 나타났습니다. 기업 실적이 좋지 않은데 주가는 올라갔고, 부동산은 정부의 억제정책이 나올 때마다 반대로 뛰었습니다. 이와 같은 이상 현상에 이 기회를 놓치면 평생 집 한 채 못 살 것 같은 불안감과 자신만 소외될 것 같아 초조함을 느낀 많은 젊은 세대가 무리하게 투자에 뛰어들었습니다. 그 중심에 MZ세대 _{Millennials세대+Z세대}가 있습니다.

MZ세대는 1980년대에서 2000년대 초반에 태어난 세대를 말합니다. 대학 진학률이 높고, 어릴 적부터 컴퓨터, 스마트폰

등 디지털기기에 익숙해 소셜네트워크 서비스 social network service, SNS를 능숙하게 사용하는 디지털 세대입니다. 이들은 정보 습득 능력이 탁월하다는 특징이 있습니다.

또한 이전의 고성장률 시대에는 대학을 마치고 갈 수 있는 직장이 많았던 반면, 최근에 들어와 성장률이 정체되고 산업구조가 고도화됨에 따라 취업이 어려워지자 답답한 현실에 고민하던 MZ세대들이 2019년부터 부동산시장에 눈을 돌리기 시작했습니다.

처음에는 청약통장에 가입하고 부부가 맞벌이하여 한 사람의 소득을 저축하고 자금을 마련해 수도권 분양 아파트를 청약하려고 했습니다. 그러나 가점제인 현 청약제도에서는 분양받기가 어려웠습니다. 84점 만점 중 60점 이상의 높은 점수가 필요한데, 아무리 점수를 높이려고 해도 50점을 만들기도 힘들었기 때문입니다. 아파트 분양은 그야말로 '그림의 떡'이었지요.

그러다가 디지털로 정보를 검색하고 부동산 전문가들의 유튜브를 보면서, 당시 부동산 가격 상승세를 볼 때 저축으로 돈을 모아 집을 마련하는 것은 평생 불가능하다는 사실을 절감하게 되었습니다. 이때 마침 집값이 본격 상승하기 전에 구입하여 큰돈을 번 사례들이 유튜브 등에서 무용담처럼 소개되기 시작했습니다. 특히 대출이나 전세를 끼고 적은 돈으로 투자하여 크게 돈을 번 갭 Gap 투자 사례들도 많았습니다.

이에 자극받은 MZ세대들이 부동산 투자에 적극 나서기 시작한 것입니다. 그때 금리도 거의 제로 상태이니 대출을 받아서 집을 사도 이자 부담이 적었습니다. 결국 마이너스통장, 은행 신용대출, 직장의 복지제도와 퇴직금을 활용한 대출, 주택담보대출 등을 모두 끌어모으는 일명 '영끌 대출'로 내 집 마련에 나선 것입니다.

2020년 3월 중순 코로나19로 주식시장에서 외국인의 매도세로 우리나라 주식가격이 폭락했는데, 이때 주식가격이 싸졌다고 확신한 이들이 이 시기를 투자 시점으로 판단했습니다. 이러한 판단의 배경에는 이전 아시아 외환위기나 글로벌 금융위기때 경험했던 것처럼, 폭락했던 주식이 경기 회복 후 상승할 것이라는 큰 기대감이 있었지요. 이때 미리 부동산 투자에서 돈을 번사람들이 주식시장에 '동학개미운동'이라는 이름으로 진입한 것입니다.

새로 주식시장에 뛰어든 MZ세대는 적극적으로 우량주를 중심으로 투자했고, 국내뿐 아니라 미국과 중국 주식에까지 투자하는 과감함을 보였습니다. 결국 이들은 불과 5개월 만에 30%에서 많게는 90% 이상의 이익을 거두기도 했습니다.

이처럼 경기는 침체하는데 주식과 집값이 오르는 이상 현상은 세계적인 마이너스금리와 코로나19 팬데믹 상황에 정부가유동성 풀기 정책을 폄으로 통화량이 대폭 증가했기 때문에 나타난 것입니다. 그 결과 시중 유동성이 역대 최대치로 늘어났고, 이에 따라 현금의 가치가 하락하였습니다. 정부가 오르는 집값을 잡기 위해 20번 넘게 부동산 정책을 쏟아내도 집값은 도무지 잡히지 않았고, 이에 따라 미래에 대한 막연한 불안감이 공포로 바뀌었습니다. 이와 같은 상황에서 전 재산을 던져 영혼까지 끌어모아 투자하는 MZ세대들을 '신新투자인류'로 부르기도 합니다.

상당수의 투자자가 자신의 연봉에 몇 배가 넘는 투자이익을 실현했고, 집을 가진 사람들도 높은 집값 상승을 경험하였습니다. 이에 따라 젊은 세대 사이에서는 '본직이 우선인가, 투자가 먼저인가?'라는 논쟁이 일어나기도 했습니다.

이처럼 미래에 대한 불안감은 전 국민의 마음을 흔들어 놓았습니다. 이에 따라 MZ세대뿐만 아니라 많은 평범한 사람들이 자산 시장으로 들어왔습니다. 현재의 투자시장은 미래의 불안감이 초래한 새로운 투자 양상으로 볼 수 있는데, 이런 현상이 얼마나 지속될지는 아직도 논란이 많습니다.

일반적으로 경제활동이 확대되거나 경제가 성장할 때 자산 가격이 상승합니다. 또한 장기간 저성장 국면에서는 특별한 사건과 발상의 전환을 통해 상상을 뛰어넘는 진보가 이뤄집니다. 최근에 들어와 산업혁명 수준의 혁신으로 새로운 산업이 부상하고 신산업 분야 기업들의 주가가 급등하는 현상을 여러 번 경험

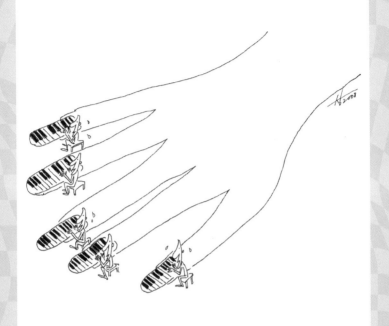

• • • • • •

투자 세계에서 잘 알려진 말이 있습니다.
"계란을 한 바구니에 담지 말라."
한 바구니에 담고 가다가 넘어지면 한꺼번에 깨져 버리기 때문입니다.

하였습니다.

세계대전, 석유파동, 아시아 외환위기, 미국발 글로벌 금융위기, 코로나19 팬데믹 등 특별한 사건이 발생하면서 위기를 경험하고, 그 위기를 극복하는 과정에서 컴퓨터, 인터넷, 스마트폰이 등장했으며, 비접촉산업, 전기차와 같은 친환경산업이 나타났습니다. 이러한 변화가 신산업 부흥에 대한 기대를 가져와 주가 상승으로 연결됩니다.

그러나 정상적인 경제 성장 없는 인위적인 경기부양책은 거품을 불러오고, 과도하거나 급격한 상승은 이를 뒤집는 '되돌림 현상'을 불러옵니다. 우리나라가 외환위기를 극복하기 위해 1998~2000년에 펼쳤던 경제위기 극복 대책은 큰 기대감과 함께 자산 가격 상승을 이끌었지만 되돌림 현상으로 몇 년 동안 자산 시장에 침체를 경험했습니다. 이와 같은 되돌림 현상은 2008년 미국발 금융위기 때도 동일하게 나타났습니다. 이제 다시 코로나19 팬데믹 상황에서 추진된 유동성 증가 대응책으로 자산 가격이 급격하게 상승했지만, 이런 인위적인 거품은 되돌림 현상을 불러올 수 있음에 유의하고 과열시장에서의 투자는 신중해야 합니다.

2022년 팬데믹이 진정되고 각국이 풀린 유동성을 거두어들이기 시작했습니다. 즉 이자율을 대폭 올리고 대출금을 회수하는 정책을 시행하고 있습니다. 지난 4년간 80%가 집값이 오르고 수백 대 1의 경쟁률을 보이던 부동산시장이 급격히 얼어붙어서 부동산을 사고자 하는 매수자가 나타나지 않고 있습니다. 주식시장도 급격하게 하락하였고, 코인도 싸늘하게 식었습니다. 기본 Fundamentals 이 뒷받침되지 않고 과열 양상을 보이던 소위 '코주부' 코인, 주식, 부동산 위기가 시작된 것인지, 그 논쟁이 뜨겁습니다.

내 집 마련, 어떻게 할 것인가?

이처럼 요사이 전 세계 투자시장은 매우 불확실하고 불안정성이 높은 상황입니다. 실물 경기가 회복되지 않았는데 주가가 오르내리기를 반복하고, 주택 가격은 수억 원씩 하락하고, 다른 지역에서는 신고가 새로운 최고 가격를 갈아치우는 등 무척 혼란합니다. 또한 이렇게 과열된 시장에서 투자하는 것이 투기가 아닌지 고민이 많은 때이기도 하지요.

그리스도인들만을 위한 선한 투자시장이 따로 있는 것도 아니니, 우리도 이 위험하고 불확실한 시장에서 돈을 벌고, 재산을 늘리고, 집도 사고 투자도 해야 합니다. 이런 현실에서 그리스도인들이 어떻게 투자하는 것이 합당한지 정답을 찾기는 쉽지 않습니다.

"너희는 이 세대를 본받지 말고 오직 마음을 새롭게 함으로 변화를 받아 하나님의 선하시고 기뻐하시고 온전하신 뜻이 무엇

인지 분별하도록 하라"(롬 12:2)

불확실한 시대일수록 하나님께서 하신 이 말씀을 마음에 새겨야 합니다. 그리고 투자에서 하나님의 선하시고 기뻐하시고 온전하신 뜻이 무엇인지 생각하며 투자계획을 세우고 실행하는 것이 중요합니다.

그리스도인 가장에게는 가족들이 편안하고 안락하게 살도록 유지할 책임이 있습니다. 하나님도 가정들이 우리 삶의 염려와 재물과 향락에서 벗어나서 하나님 말씀이 열매 맺히는 평안의 삶을 사는 것을 합당하게 생각하십니다(눅 8:15).

그렇기에 집을 마련할 때도 직장에 출퇴근하고 아이들이 학교에 가며 예배 드리러 교회에 가기 편리한 장소를 고려하는 것이 필요합니다. 주거비용의 수준도 고려해야 합니다. 주거환경이 가족의 정서적 안정과 행복에 영향을 주기 때문이지요. 그러므로 내가 살 집인 내 집 마련을 지혜롭게 결정하는 것은 매우 중요합니다.

물론 요즘 유행하는 '똘똘한 집 한 채', 즉 부동산 투자가치가 뛰어난 곳에 집을 장만해야 한다는 생각에 부화뇌동하여, 소위 일급 지역에 못 들어가면 상대적 박탈감을 느끼며 불안해하는 것은 하나님 앞에서 점검해 봐야 할 태도입니다. 이처럼 세류에 휩쓸리는 것은 이 세대를 본받아 따라가는 세속적인 관습으로 생각되기 때문입니다. 물론 이미 좋은 지역에 살고 있다면 굳이 이사나갈 필요는 없을 것입니다.

'집을 보유할 것인가?' 그리고 '어느 지역에 살 것인가'라는 고민은 자신의 가치 기준과 생활의 편리성에 따라 결정할 문제입니다. 직장 근처, 학교 근처, 또는 교회와 가까운 곳에 살 것인지는 각자의 기준에 따라 판단할 문제이지, 남을 따라 결정할 일이 아닙니다. 주거에 관한 결정은 자녀교육, 가족의 건강, 직장생활, 신앙생활 등 여러 가지 상황을 고려해야 합니다. 그래서 우리 가정에 가장 합당한 장소를 선택해서 하나님의 은혜와 마음의 평안을 누릴 수 있는 방향으로 결정하는 것이 좋겠습니다.

집을 구입할 때 빚을 져도 괜찮은지 묻는 분들도 많습니다. 부동산 가격의 상승 속도가 예금 이자율보다 높은 경우가 많아서 적정하게 대출받아 주택을 구입하는 것도 좋습니다.

여기서 중요한 것이 '적정한' 대출인데, 자신의 소득으로 원리금 상환을 감당할 수 있는 금액을 의미합니다. 이는 거주할 집 한 채를 마련할 때 적용되는 사항입니다. 투자 목적으로 여분의 집을 구입할 때는 앞의 투자원리에서 말씀드린 바와 같이 레버리지효과의 위험이 있으므로 과도한 차입금에 의존하는 것은 정말 신중해야 합니다.

제가 급한 마음에 내 집 마련부터 말씀드렸습니다. 다음에는 저축과 투자가 성경에서 말하는 방법인지, 그리고 주식 투자는 어떻게 할 것인지 이야기해 보겠습니다.

저축과 투자, 성경적인가?

예전에 〈빛과 소금〉에서 그리스도인의 증권 투자에 대한 지면 토론이 있었습니다. 저는 성경적인 증권 투자가 가능하다는 견지의 글을 썼고, 투자 분야 전문가인 다른 분은 가능하지 않다고 썼습니다. 하지만 내용은 둘 다 일맥상통했습니다. 투자로 가능은 하지만, 투기적 요소가 많으니 극도로 주의해야 한다는 것이었습니다. 저는 앞부분을 강조하였고, 다른 분은 뒷부분을 강조하신 것입니다. 이제부터 투자에 대한 성경적인 관점에 관해 이야기해 보겠습니다.

저축과 투자는 믿음이 부족한 행위인가?

일부 그리스도인들은 우리가 저축하거나, 특히 투자하는 것은 믿음이 부족한 행위라고 말합니다. 하나님께서 우리의 필요를 따라 공급해 주실 텐데 스스로 대비책을 마련하는 것은 믿음이 부족한 행동 아니냐는 것이지요.

어느 것이 옳다고 판단 내리기 어렵습니다. 다만 저는 대부분 저축, 투자, 보험, 그리고 교회에서 건축헌금을 모아 놓는 것은 필요한 일이라고 생각합니다. 성경에도 건전한 투자의 예를 많이 찾아볼 수 있습니다. 우리가 익히 알고 있는 달란트 비유(마 25:14~30)나 요셉이 흉년을 대비한 것이 좋은 예입니다. 잠언은 개미처럼 풍성한 시기에 그렇지 못할 때를 대비해야 한다고 말씀합니다.

"게으른 자여 개미에게 가서 그가 하는 것을 보고 지혜를 얻으라 개미는 두령도 없고 감독자도 없고 통치자도 없으되 먹을 것을 여름 동안에 예비하며 추수 때에 양식을 모으느니라"(잠 6:6~8)

"지혜 있는 자의 집에는 귀한 보배와 기름이 있으나 미련한 자는 이것을 다 삼켜 버리느니라"(잠 21:20)

반면 하나님의 공급하심을 철저하게 믿고 또 경험하는 분들과 교회도 있습니다. 한센병 환자를 위해 교회를 시작하셨던 어느 목사님의 감동적인 간증을 들었습니다. 가난한 교회지만 그 주에 들어온 헌금은 남겨 두지 않고 다 사용하는 것을 원칙으로 하였습니다. 그러다 보니 교회 지붕이 새는데도 고칠 돈이 없었지요. 비가 새는 채로 3개월을 지냈는데, 할머니 세 분이 돈을 가지고 오셨습니다. 본인들의 장례비용을 모아 놓은 것을 가져오신 것입니다. 한센병 환자들은 친척이 없어 장례식 비용을 미리 모아 놓는데, 자신들이 죽으면 장례를 마친 뒤에 수고한 분들에게 밥값으로 줄 돈을 가져오신 것입니다. 그 돈으로 지붕을 고쳤습니다.

그 이후 또 예배당이 허물어져서, 건축헌금을 모아 놓지 않았는데도 건축을 시작했다고 해요. 공사가 진행되면서 건축업자에게 지급할 중도금 기일이 되었다고 합니다. 무작정 은행에 갔습니다. 통장 잔액이 없는 것을 알면서도 업자에게 줄 액수를 출금표에 써서 내밀었습니다. 그랬더니 은행직원이 이렇게 묻습니다.

"현금으로 드릴까요, 수표로 드릴까요?"

"아무거나 주세요."

그런데 정말 적어낸 돈을 주더랍니다. 통장을 확인해 보니 그 금액만큼 통장에 입금이 되어 있었지요! 누군가가 몰래 헌금을 한 것입니다. 이렇게 기적 같은 일이 일어나기도 합니다.

이처럼 하나님께서 믿음을 주셔서 전적으로 하나님만을 바라보는 교회나 개인은 미리 준비하지 않는 것이 신앙적인 모습일 수 있습니다. 그러나 저는 그렇지 못합니다. 준비하는 스타일입니다. 그렇기에 대부분 교회나 개인은 사전에 계획하고 준비하는 것이 합리적이라고 생각합니다.

지나친 축재는 하나님께 의탁하기보다 재물에 의존하게 하는 부작용을 수반할 수 있습니다. 그러나 아이들의 교육이나 미래의 소득 감소, 우발적인 일들을 대비하기 위해 소득의 일부를 저축하고 투자하는 것은 비성경적인 일이 아닙니다. 가족의 미래를 대비하고 안정성을 높이거나 주님의 일을 하기 위해 투자하는 것은 건전한 투자라고 할 수 있습니다. 중요한 것은 투자의 동기와 자세입니다. 정당한 목적 없이 돈만을 축적하려는 투자는 맘몬 우상을 섬기는 일임을 잊지 말아야 합니다.

증권 투자는 비성경적인가?

"저축은 미덕이고, 증권 투자는 악덕"이라는 말을 많이 합니다. 그러나 사실 증권 투자나 저축 모두 종국적으로는 동일한 기능을 합니다. 즉 우리가 은행에 저축하면 은행이 그 돈으로 투자합니다. 은행 차원에서 주식을 사기 때문에 간접적으로 증권 투자를 하는 것입니다. 우리가 주식을 사서 투자하면 이는 직접 금융에 해당하지요. 결과적으로 증권 투자나 저축이 모두 기업의 투자자금으로 이용되어 경제 발전에 일조하는 것입니다.

또한 "증권시장은 노름판이기 때문에 해서는 안 된다"는 말을 하기도 합니다. 증권시장에서 주식 시세는 하루에도 몇 번씩 등락을 거듭합니다. 가격의 등락에 따라 희비가 엇갈리고, 하루에도 수백만 또는 수억 원씩 이득을 보거나 손실을 보곤 합니다. 그래서 증권 투자를 했다가 집을 날렸다, 깡통 계좌가 되었다는 등 패가망신한 경우가 비일비재합니다. 그러니 증권 투자는 도박과 같고 증권시장은 노름판과 같은 투기적 특성을 가진 것도 사실입니다.

그러나 증권시장은 국민경제에서 제한된 자원을 필요한 곳에

효율적으로 배분하는 긍정적인 기능을 합니다. 투자자들이 모든 정보를 활용하여 수익 전망이 높은 기업에 투자하고, 이윤이 낮은 기업에서 좀 더 많은 이윤을 창출해 내는 기업으로 자금을 이동하게 함으로써 사회 전체적으로 생산성을 극대화합니다. 즉 우리가 이용할 수 있는 한정된 자원을 효율적으로 배분하게 하여 동일한 자원을 가지고 더 많은 재화의 생산을 가져오게 하는 것이지요.

그런 면에서 증권시장은 기업에 대한 사회적 검증이 일어나는 곳이라 할 수 있습니다. 서로 돈을 많이 따려고 경쟁하고 정보 싸움을 하는 과정에서 사회 전체의 자원 생산이 늘어납니다. 정부에서 기업별로 주식값을 정해 놓는 것보다 경쟁을 통해 값이 정해지는 것이 훨씬 효율적이라는 것이 입증되어 있습니다. 증권시장은 이런 긍정적인 기능을 가지고 있습니다.

또는 "증권시장을 못 믿겠다. 무슨 작전이 있다." "기업 재무제표도 못 믿겠다." 그런 말들을 하기도 합니다. 그러나 재무제표의 신뢰성을 높이기 위해 경영자의 법적 책임과 외부 공인회계사 감사 등 다양한 예방조치를 하고 있습니다. 또한 기업에 대한 정보가 재무제표만 있는 것이 아닙니다. 투자자들은 다양한 정보를 수집하여 투자에 임합니다. 작전세력이 가능한 종목은 규모가 작거나 대주주가 주식을 다 갖고 있어서 시중에 유통되는 주식이 얼마 안 되는 일부 기업에 가능합니다. 따라서 장기적

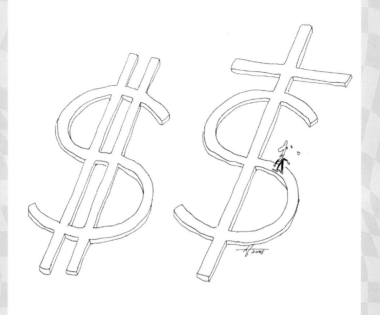

• • • • • •

가족의 미래를 대비하고 안정성을 높이거나
주님의 일을 하기 위해
투자하는 것은 건전한 투자라고 할 수 있습니다.
정당한 목적 없이 돈만을 축적하려는 투자는
맘몬 우상을 섬기는 일임을 잊지 말아야 합니다.

으로 증권에 투자하는 것은 괜찮다고 생각합니다. 증권 투자를 불로소득으로 생각하고 부정적인 시각으로 볼 것만은 아닙니다.

그런데 저는 개인이 개별 주식을 사고파는 것은 손실 위험이 크기 때문에 권하고 싶지 않습니다. 우리나라 개인 투자자들을 분석해 보면 대체로 잃게 되어 있습니다. 1997년 말 외환위기 때부터 1999년까지 주가지수가 300대 초반에서 900까지 거의 세 배가 올라갔습니다. 그러면 주가가 그만큼 올랐으니 투자한 사람들은 평균적으로 세 배를 벌어야 하지 않습니까? 못 벌어도 두 배쯤은 벌 수 있어야 하는데, 그 기간의 개인 투자자 중에 85%가 잃었습니다. 주식시장이 세 배가 올랐음에도 불구하고 말입니다.

매년 투자 행태를 분석해 보면 주로 개인 투자자들이 투자한 주식은 내려가고 기관 투자자나 외국인 투자자들이 투자한 주식은 오르는 경향이 있습니다. 그 이유는 주식시장에서도 빈익빈 부익부 현상이 나타나기 때문입니다.

누가 와서 대박을 터뜨릴 수 있는 거라고 솔깃한 말을 해도 그 주식이 오를 확률과 내릴 확률이 비슷하여 5:5이니 금방 넘어가지 마십시오. 설사 올랐다고 해도 언제 떨어질지 모릅니다. 주식은 오를 때 끊임없이 오르다가도 내리기 시작하면 단숨에 내려갑니다.

그러므로 주식 투자를 하고 싶으면 펀드에 맡기는 것이 좋다

고 생각합니다. 펀드에도 여러 가지가 있습니다. 공격적인 펀드
는 손실 위험이 크니 자신의 취향이나 위험 수준에 따라 선택하
는 것이 좋습니다. 그러면 내가 걱정할 일이 없습니다. 약간의
수수료가 들어가긴 하지만 펀드 매니저가 대신 고민하고 다 해
결해 줍니다. 그러나 펀드에 맡기면 원금 손실에 따른 위험이 있
을 수 있습니다. 저는 위험도가 상대적으로 낮은 지수펀드를 관
심을 가지고 봅니다.

대개 원금 손실을 보장하는 것은 원금을 주로 채권 같은 곳에
투자하고 나오는 이자로 또 주식 투자를 합니다. 그래서 제아무
리 오른다 해도 10% 이상 오르지 않습니다. 그런데 원금 손실을
감수하는 성장형 펀드들은 오르면 상당히 오르고 내리면 원금을
까먹기도 하는 위험이 있습니다.

저축을 웬만큼 하고 있다면 소액을 시험 삼아 공격적인 투자
를 고려해 볼 수도 있습니다. 그런데 안정적인 저축이 전혀 없으
면서 공격적인 투자를 하면 위험합니다. 다양한 금융상품에 들
어 있으면 그중 일부는 분산투자 차원에서 증권 투자를 해보는
것도 좋습니다.

주식, 투기가 아닌 투자로

주식 투자는 교회에서 금기어처럼 여겨져 왔습니다. 그러다
보니 그리스도인들 사이에서 "주식투자하는 것이 맞느냐?" "주

식투자를 한다면 어떻게 할 것인가?"를 터놓고 이야기할 수도 없었습니다. 사실 성경적인 주식 투자, 성공적인 주식 투자 요령을 말하는 것은 쉽지 않습니다. 그러나 주식 투자에서 지나친 투기성과 위험을 줄이는 방법을 논의할 수는 있습니다. 주식에 대한 건전한 투자방식이란 무엇인지 함께 논의해 보고자 합니다.

최근까지 지속된 저금리 상황에는 우량 회사의 주식에 장기 투자해 볼 필요가 있습니다. 장기적으로 유망한 우량 회사의 주식을 찾아내고, 그 회사 주식에 매월 적금 넣듯이 여윳돈을 장기적으로 투자하면, 회사가 성장하면서 주가 상승과 배당금으로 보상받을 수 있습니다. 이렇게 투자하는 것이 장기적으로 현명한 주식투자 방법으로 알려져 있습니다.

또는 배당 성향이 높은 주식에 장기간 묻어두고, 분기마다 나오는 배당금으로 노후에 필요한 자금을 마련하는 것도 좋은 투자 방법이 될 수 있습니다. 주식투자에서 대박을 기대하기보다 장기적으로 꾸준한 수익률을 기대하셔야 합니다. 단기 시세차익을 노리는 투기가 아니라 투자의 원칙을 지키면서 시중은행 금리보다 약간 더 높은 수익을 바라보는 장기적 관점을 가지는 것이 좋습니다.

여기서 장기 투자, 장기적 관점이라는 것은 한번 산 후에 잊어버리라는 뜻이 아닙니다. 장기적으로 유망한 주식, 장기적 관점에서 가치 상승이 기대되는 종목을 선택하라는 것입니다. 선택하여 투자한 후 주기적으로 점검하는 것이 필요합니다. 무조건적으로 안전한 주식은 없습니다.

우리는 보통 유행에 휩쓸리고, 주위의 헛된 성공 일화들에 귀가 솔깃해지기 쉽습니다. 그러니 재정관리에 분명한 원칙을 정하고 이 원칙에 벗어나지 않도록 노력해야 합니다. 단기적인 시세차익을 얻으려는 투기적인 마음으로 주식이나 부동산 투자를 하지 않겠다고 결단해야 합니다. 사실 투자 세계에도 단기적인 차익을 얻으려는 투자는 큰 이익을 얻지 못하는 것으로 알려져 있습니다. 건전한 투자원칙을 지키는 것이 우리가 세상과 다르게 살고, 우리의 삶을 하나님 앞에 거룩한 산 제사로 드리는 길이 되기 때문입니다.

우리는 하나님께서 허락하신 행복한 가정 경제를 위한 기본 원칙도 정해 둘 필요가 있습니다. 가장 중요한 것이 재정 계획과 지출통제입니다. 아이들이 자라면서 발생할 사건들, 예를 들면 초·중·고등학교, 대학교 진학에 따른 학자금, 주거 형태의 변화, 자동차 교체, 직장 퇴직, 창업 등을 충실하게 계획하고, 그에 맞는 자금을 준비해야 합니다. 지출을 꼼꼼히 살펴 과도하거나 불필요한 지출이 없는지를 점검하십시오. 가족들과 대화가 풍부한 가정일수록 지출통제가 잘 되고, 불필요한 지출을 하지 않는다는 사실도 기억하십시오.

가정 경제를 생각할 때 가장 중요한 것이 자녀교육자금, 주택 관련 자금, 은퇴자금 준비입니다. 얼마 전 자녀 교육비를 고민하는 가정과 상담하였습니다. 이 가정에 조언한 내용이 우량 회사의 주식을 매월 적금하듯이 10만 원씩 사라는 것이었습니다. 장점은 세금도 없고, 예금이자보다 높은 배당금, 그리고 회사가 성장하면 주식가격도 오르는 행운도 있습니다. 지나고 보면 자녀학자금보다 더 많은 금액을 모을 수 있다고 말씀드렸습니다.

은퇴자금도 마찬가지입니다. 현재 이익을 많이 내고, 배당금을 많이 주는 우량 회사 주식을 매달 일정액만큼 사서 저축해 보십시오. 노후에 필요한 생활자금을 1년에 4번 배당금으로 받게 되고, 장기적으로 주식가격이 상승해서 은퇴자금으로 활용할 수 있는 효과를 거둘 수 있습니다. 실제로 삼성전자 주식의 월봉차트를 보면 계속해서 상승하는 모습을 확인할 수 있습니다. 현재 이 회사는 분기마다 배당금을 지급하는데 1년으로 환산하면 연 3% 수준입니다. 정기예금 금리보다 높지요. 물론 삼성전자도 항상 오르기만 하는 것은 아닙니다. 일시적으로 오르고 내리고 하겠지만 장기적인 추세가 상승하는 모습을 보이고 있습니다.

꼭 알아야 할 투자의 원칙

지금까지 주택, 주식 등 구체적인 내용을 먼저 말씀드렸습니다. 이제는 투자하기에 앞서 좀 더 근본적인 투자원칙을 살펴보 겠습니다. 위험한 투기를 피하고 건전한 투자를 하기 위한 네 가 지 원칙입니다.

여윳돈으로 투자하라

《부자 아빠 가난한 아빠》를 쓴 로버트 기요사키는 잘못된 투 자원리를 가르칩니다. 그는 남의 돈 Other People's Money 으로 투자 하라며 차입 투자를 주장하는데, 차입 투자는 아주 위험한 투자 입니다. 그는 '레버리지효과'를 인용하며 부채를 동원하여 투자 하라고 권유합니다. 레버리지효과란 빚을 내어 투자하면 투자수 익과 손실의 폭이 커져서 투자위험이 커지는 현상을 말합니다.

예를 들어 1억 원을 투자했는데 전액 내 돈으로 구입한 경우 와, 절반인 5,000만 원을 남에게 빌리고 내 돈은 절반만 투자한 경우를 비교해 봅시다. 투자 이후 20%가 올라서 1억 2,000만 원이 되었다면 전액 내 돈을 투자한 경우는 20%의 수익률이 있지만, 5,000만 원만 투자한 경우 수익률이 40%로 높아집니 다. 이러한 현상을 레버리지효과라고 하는데, 빚을 내어 투자 해서 오르면 높은 투자 수익률을 얻을 수 있다는 것입니다. 그 러나 20%가 하락하여 8,000만 원이 된 경우는 어떻게 될까요? 전액 내 돈을 투자한 경우 손실률이 −20%지만, 5,000만 원만 투자한 경우 손실률이 −40%로 추락합니다. 이처럼 레버리지효과는 수익을 높이기도 하지만 손실을 확대시키기도 합니다. 즉 자기 돈으로 투자하면 −20~+20%지만, 절반을 차입하면 −40~+40%가 되어 변동 폭이 커지게 되지요. 투자 결과의 변동 폭이 커지는 것은 투자의 위험이 커짐을 의미합니다.

이렇듯 남의 돈으로 투자하면 오를 때는 많이 벌 수 있지만 내리면 완전히 쪽박을 찹니다. 그만큼 남의 돈으로 투자하는 것은 이득과 손실의 폭이 커지기 때문에 위험도가 매우 높습니다. 전세를 끼고 집을 투자 목적으로 구입하는, 소위 갭 투자에서는 전세금이 차입금이기 때문에 레버리지효과로 인해 매우 위험한 투자가 됩니다.

이는 개인뿐 아니라 기업도 마찬가지입니다. 경제위기가 터지기 1년 전인 1996년 말, 우리나라 30대 기업 중에서 부채비율 순으로 보면, 1등이 3,000%였습니다. 자기 돈 1억에다 남의 돈 30억, 즉 30배를 빌려서 사업을 한 것입니다. 부채비율 순위 1위부터 11위까지 두 기업만 빼고 경제위기가 왔을 때 모두 부도가 났습니다.

거듭 말씀드리지만 남의 돈을 빌려서 투자할 경우, 다행히 내가 산 것이 올라가면 자기 돈으로만 투자했을 경우보다 훨씬 더 많이 벌 수 있지만, 내려가면 손실이 막대해집니다. 즉 차입 투자는 위험도가 매우 높습니다. 대규모 재벌그룹도 레버리지효과에 의한 위험을 막을 수 없는데, 개인 가정이 더 허약함은 말할 필요가 없습니다.

일반적으로 금융 기관들은 호황일 때 많이 빌려주고 불황일 때 돈을 회수합니다. 그래서 호황일 때 돈을 빌려 주식을 사면 높은 가격에 사게 되고, 불황일 때 상환 재촉을 받아 주식을 팔면 내려간 가격에 팔게 되는 경향이 있습니다. 그러니 차입 투자는 손실을 볼 가능성이 높지요.

투자에서 중요한 첫 번째 원리는 '여윳돈으로 투자하라'입니다. 여윳돈은 다 잃어도 지장이 없는 돈을 말합니다. 차입 투자는 굉장히 위험합니다. 자칫 잘못되면 가족 전체가 길바닥에 나앉을 수 있는 위험한 투자임을 명심하시기 바랍니다.

위험을 먼저 생각하라

우리는 투자할 때 가장 낙관적인 최상의 경우를 상상하며 투자합니다. 그러나 최악의 경우를 먼저 생각해야 합니다. 왜냐하면 투자에는 항상 위험이 따르기 때문이지요.

투자원리 중 중요한 것이 '고위험, 고수익' 즉 'High Risk, High Return'입니다. 고수익을 얻으려면 고위험 상품에 투자해야 가능성이 있습니다. 예를 들어 벤처기업 주식을 사면 5배, 10배까지도 오를 수 있지만, 내려가면 꽝입니다. 하지만 안정된 유명 대기업 주식은 올라가도 1.5배 정도이고 내려가도 80% 정도입니다. 위험도가 좀 낮은 편이지요. 정기예금 같은 경우는 정해진 금액을 정확히 지급하기 때문에 변동 폭이 0이라서 위험이 거의 없습니다. 그래서 이자가 매우 낮습니다. 저위험 투자는 저수익을 얻게 되어 있습니다.

고위험—고수익, 저위험—저수익의 관계를 항상 생각하기 바랍니다. 고위험 상품은 높은 수익률의 가능성이 있지만, 깊은 손실의 가능성도 함께 존재합니다. 위험을 감수하기 싫다면 저위험 상품의 저수익률에 만족해야 합니다.

"이것은 대박을 터뜨릴 수 있는 투자입니다."

주위에서 이렇게 권유하면 "이것은 쪽박도 찰 수 있는 투자입니다"라는 말과 함께 양면성을 생각해야 합니다. 투자는 이득과 손실이 대칭적임을 명심하십시오. 즉 고수익이 가능한 투자안投資案은 고손실도 가능합니다.

우리나라 사람들은 비교적 보수적이고 비관적이라고 합니다. 그래서 항상 위험을 먼저 생각합니다. '손익계산서'는 손실과 이익을 계산하는 것을 말하는데 이익보다 손실이 먼저 나옵니다. 영어로는 'Profit and Loss Statement'인데 이익을 먼저 언급합니다. 이렇게 우리가 비관적인 용어를 먼저 쓰고 있는 것처럼, 손실이 날 경우를 먼저 생각하는 것이 투자 실수를 줄이는 길입니다.

앞에서 '보증을 서지 말라,' '차입투자를 하지 말라'라고 말씀드렸지만, 물론 할 수 있습니다. 그러나 최악의 경우에도 큰 타격 없이 감당할 수 있는 수준까지만 하십시오. 가급적 하지 않은 것이 더 좋습니다.

요즘 우리나라 사람들은 배포가 너무 커진 것 같습니다. 비관적인 것은 생각하지 않고 낙관적인 것만 생각합니다. 아니, 낙관적이라기보다 무모합니다. 투자할 때는 위험을 먼저 생각하십시오. 최악의 경우를 먼저 생각하고, 가정의 안정이 담보될 수 있는 투자안만 선택하기 바랍니다.

분산하여 투자하라

투자 세계에서 잘 알려진 말이 있습니다.

"계란을 한 바구니에 담지 말라."

한 바구니에 담고 가다가 넘어지면 한꺼번에 깨져 버리기 때문입니다. 세 바구니에 나눠서 담으면 넘어져도 다른 두 바구니는 무사합니다. 경제학자 케인즈 John M. Keynes 는 이렇게 조언했습니다.

"현금이나 예금으로 3분의 1, 주식에 3분의 1, 부동산에 3분의 1을 투자하라."

현금은 단기적으로 필요한 돈이고, 주식은 중기적, 부동산은 장기적인 투자를 말합니다.

우리나라 S전자는 반도체의 가격 변동이 심해서 사업구조를 잘 분산해 놓았습니다. 이 기업은 반도체 값이 내려가면 휴대폰에서 벌고, 휴대폰도 잘 팔리지 않으면 LCD에서 돈을 법니다. 그러나 외국 반도체 회사들은 반도체 한 분야만 있어서 반도체 값에 따라 좌지우지됩니다. 분산투자를 하지 않고 한 분야에만 집중해 투자하면 안정성이 떨어집니다.

반면《부자 아빠 가난한 아빠》를 쓴 로버트 기요사키는 집중투자를 가르칩니다. 그는 '재정적으로 자유로운 상태'가 되어 은퇴했다고 합니다. 이 사람은 먹고 즐기는 데 지출하는 돈보다 들어오는 돈이 더 많으면 돈을 벌 필요가 없다고 했지요. 이것이 재정적으로 자유로운 상태라고 주장했습니다. 그런데 이런 상태로 만들 수 있는 것이 무엇입니까? 부동산밖에 없습니다. 가만히 앉아 있어도 돈이 되기 때문에 그는 부동산에 집중해 투자하도록 가르칩니다.

그러나 부동산 가격이 올라가면 대박이지만 내려가면 깡통을 차게 됩니다. 부동산이든 주식이든 어떤 기업이든 마찬가지입니다. 더욱이 그는 차입투자를 권하는데, 차입투자는 가장 위험한 투자이기 때문에 저는 권하지 않습니다. 실제로 부동산에 집중 투자했던 로버트 기요사키도 노숙자 신세로 전락하기도 했다는 소문이 있습니다. 그러다가 재기했다고 합니다. 분산투자를 해야 위험도를 낮출 수 있습니다.

영적 투자를 위한 몫도 떼어 놓으라

영적 투자는 하나님께 투자하는 것입니다. 하나님께 헌금을 하거나 어려운 이웃에게 구제를 베푸는 것입니다. 헌금과 구제는 희생을 의미하기 때문에 어려운 일입니다. 내 지갑에서 돈을 꺼내는 일이니 쉽지 않지요. 가장 좋은 방법은 돈을 미리 떼어 놓는 것입니다. 헌금도 미리 떼어 놓고, 남을 도와줄 돈도 미리 봉투에 넣어 두면 '저것은 내 돈이 아니다'라고 생각하게 됩니다. 어차피 남에게 줄 몫이므로 누구한테든 마음 편히 줄 수 있습니다.

남에게 줄 돈이 있다는 것은 우리에게 놀라운 평안함을 줍니다. '이 돈을 어디에 쓸까? 누구를 위해 쓸까?'라는 행복한 고민을 하게 됩니다. 그리고 이런 생각을 하고 있으면 마음이 평온해집니다. 주는 것이 받는 것보다 더 복이 있기 때문입니다.

"주 예수께서 친히 말씀하신 바 주는 것이 받는 것보다 복이 있다 하심을 기억하여야 할지니라"(행 20:35하)

하지만 경제학은 다르게 말합니다. 앞서도 말했지만, 사무엘슨 교수는 행복을 '소비÷욕망'으로 정의했습니다. 즉 많이 소비하거나, 질 높은 고가의 소비를 하면 행복도가 높아진다는 뜻입니다. 빗대서 이야기하면 이렇습니다.

"남에게 주는 것보다, 내가 스스로 많이 소비하는 것이 행복하다!"

성경과 정반대로 이야기합니다. 어느 편이 맞는지 어떻게 알 수 있을까요? 우리 교회 목사님이 설교하시기를, 가장 좋은 성경 해석은 말씀을 그대로 행하는 것이라고 했습니다. 하나님 말씀은 그것을 실천해 보면 맞는지 틀리는지 알 수 있다는 것입니다. 주는 것이 받는 것보다 행복한지, 받는 것이 주는 것보다 행복한지 시험해 보면 됩니다.

예를 들어 5만 원을 가지고 가족들과 외식을 해 보십시오. 행복해질 것입니다. 다른 날은 일부를 떼어 내어 5만 원으로 어려운 이웃을 위해 사용해 보십시오. 이 또한 행복이 있습니다. 그러고 나서 이 둘의 행복도를 비교해 보십시오. 그러고는 돈을 더 행복한 곳에 사용해 보십시오.

남에게 베푸는 즐거움, 이것은 지상에서 가장 큰 행복입니다. 이것이 바로 영적 평안함입니다.

1. 투자 광풍이 휘몰아친 2019~2021년, 당시 나의 마음은 어땠는지 나누어 봅시다.

2. 투자 광풍 시기인 2019~2021년에 유튜브 등에서 떠돌던 투자 이야기가 2022년도 이후 어떻게 달라졌는지 특정한 사례를 나누어 봅시다.

3. 내 집 마련이나 주식 투자에서 성공적인 사례와 실패한 사례를 비교하여 어떤 차이점이 있는지 살펴봅시다.

4. 투자할 때 어떤 원칙을 가져야 하나요? 건전한 투자와 위험한 투기의 차이가 무엇인지 토론해 봅시다.

5. 리처드 포스터는 《심플라이프》규장에서 삶의 원칙을 정할 때 구체적이지만 율법에 흐르지 않게, 현실적이지만 타협하지 않게 하라고 역설했습니다. 소비나 투자의 재정 원칙을 설정하면서 이런 정신을 어떻게 반영할 수 있을지 논의해 봅시다.

6. 이번 주에 실천해야 할 경제적 의사결정은 무엇인지 구체적으로 써 봅시다.

06

돈 걱정 없는 일생의
재정 계획

어떤 삶을 살고 싶은가

유대인 부모는 아기가 걷기도 전에 아기 손에 동전을 쥐여 준
다고 합니다. 유대인 아기는 저금통에 동전을 넣으며 돈과 친해
지고 저축의 소중함을 깨닫게 됩니다. 이런 과정에서 엄마 아빠
와 돈과 저축에 관하여 대화하며 재정의 중요성을 배워 나갑니
다. 이러한 어릴 적 금융교육이 많은 유대인 부자를 탄생시킨 비
결일 것입니다.

최근 우리나라 젊은 세대의 돈에 대한 갈망과 방황을 보면서
기성세대로서 고민을 많이 하였습니다. 학교에서 돈에 대해 바
른 교육이 있었다면 하는 아쉬움이 많았습니다. 돈에 대한 재무
교육을 어릴 때부터, 늦어도 돈을 벌러 직장에 다니기 전에 시
작할 수 있다면 일생에서 돈에 대한 많은 시행착오를 줄이고,
좀 더 적극적으로 체계적인 계획을 세우며 실행할 수 있을 것입
니다.

이제까지 투자의 일반론을 말씀드렸습니다. 이 원칙들은 대박을 터트릴 수 있는 방법은 아니지만 실수를 줄이고 안정적인 투자를 할 수 있는 방식입니다. 그런데 우리 삶에서 연령대별로 재무 상황이 다르므로 투자 특성도 달라야 합니다. 이 장에서는 우리 일생에서 나이별로 어떻게 재무 설계를 하며, 어떠한 투자를 고려해야 하는지 살펴보고자 합니다.

2020년대에 들어서면서 투자 열풍이 우리나라뿐만 아니라 전 세계에 유행처럼 번졌습니다. 앞서 말한 것처럼 MZ세대가 주축이 된 이 열풍은 주거에 대한 불안감, 미래와 노후에 대한 두려움 등이 증폭되어 나타난 현상입니다. 코로나19 팬데믹으로 경제적 어려움에 직면하면서 우울한 미래를 걱정한 이들이 '뭔가 준비해야 하는데……', '그냥 이렇게 넋 놓고 있다가는 큰일 날 텐데……' 하는 불안감으로 투자에 끌려 나온 경우가 많습니다.

실제로 상담해보면, "어디에서부터 뭘 해야 할지 막막합니다"라는 분들이 많습니다. 상당수가 무작정 투자에 나섰고, 또 투자하고 난 후에는 손실에 대한 염려가 겹쳐 두려운 마음이 커지기도 합니다. 더욱이 무리하게 부채를 끌어들였다면 원리금 상환 부담이 마음을 짓누릅니다.

'얼마나 많은 돈을 벌어야 할까'라는 목표를 정하기 전에 먼저 생각해야 할 것이 있습니다. 우선 자기 삶에 대한 진지한 성찰이 필요합니다.

"인생을 어떻게 살아야 할까?"

"나의 미래를 어떻게 살 것인가?"

"지금 당장 하고 싶은 것은 많지만, 미래를 위해 무엇을 포기하고 내려놓을까?"

이러한 나의 삶의 방향에 관한 질문에 진지하게 고민하고 답을 찾아야 합니다. 이 질문은 열왕기상 3장에서 하나님께서 솔로몬에게 삶의 소원을 물으신 질문과 상통합니다. 스스로 질문하면서 재무 계획 세우기를 시작해 보십시오.

"내가 원하는 인생은 무엇인가? 내가 진정으로 구할 것은 무엇인가?"

이 질문들에 답하면서 이를 성취할 수 있는 재정 상황과 수준도 스스로 결정해야 합니다.

"나의 삶에서 어느 정도 수준의 경제생활을 유지할 것인가?"

돈이란 나의 삶의 목표를 달성하는 데 필요하며, 살면서 염려를 줄이고 편안한 삶의 영위하는 데도 필요한 수단이기 때문입니다.

그러면 이제 어떻게 중장기적인 재정 계획을 세우는지 말씀드리겠습니다.

재정 계획을 세우기 전에 할 일들

재정 계획을 세우기 전에 먼저 나와 가정의 재정 상황을 객관적으로 판단하는 것이 중요합니다. 첫 단계로 가정의 현금 흐름을 파악합니다. 매달 또는 연간 수입과 지출을 구체적으로 적어 봅니다. 이 과정에서 수입을 늘일 방법이 있는지, 줄일 수 있는 지출은 어느 것인지 꼼꼼하게 점검합니다. 그러면 매달 저축할 수 있는 최대 금액을 알 수 있을 것입니다.

두 번째 단계로 지금 우리 가정의 재정 상태를 파악합니다. 우리 가정의 자산과 부채, 순자산, 그리고 가용자금을 산출해 봅니다. 여기서 순자산이란 자산에서 부채를 뺀 금액인데 이 순자산이 진정한 나의 보유자산의 가치입니다. 그런데 이 순자산은 집값이나 전세금 등에 묶여서 바로 사용할 수 없는 금액이 많이 포함되어 있습니다. 순자산에서 이런 묶인 돈을 빼면 내가 바로 투자할 수 있는 돈, 즉 가용자금可用資金의 액수가 나옵니다.

세 번째 단계는 이 가용자금을 투자하여 앞으로 5년 또는 10년 뒤 얼마를 벌어들일지 투자 목표를 정합니다. 예를 들어 가용자금이 5,000만 원 있는데, 5년 뒤 3억 원으로 만들겠다는 투자 목표를 정하는 것이지요.

네 번째 단계는 가용자금 5,000만 원을 어디에 투자할지 투자안을 찾는 것입니다. 각 투자안의 특성을 분석하여 투자안별로 위험과 수익을 비교하면서 선택해 나갑니다. 여기서 고위험-고수익, 저위험-저수익의 원리를 명심하시고, 투자가 최악의 상황에 어떻게 될지를 먼저 생각하라는 저의 조언을 잊지 마시기 바랍니다.

우선 투자안으로 주식을 생각해 봅시다. 주식을 잘 선택하면 5년 후 5,000만 원이 6배로 상승할 가능성이 있습니다. 그러려면 높은 위험을 감수해야 하는데, 이 위험을 감수하기 두렵다면 다른 투자안으로 넘어갑니다. 다음으로 정기예금을 생각해 보면 위험은 거의 없지만 5년 후 아무리 잘해도 10~20% 정도의 수익률을 기대할 수밖에 없습니다. 우리 가정이 높은 위험을 감수할 생각이 없다면 안전한 투자 종목을 선택해야 하고, 그러면 5년 후 투자 목표 금액을 낮추셔야 합니다.

상당수의 가정이 '10억 만들기' 풍조에 휩쓸려 자신의 재정 상황과 투자안의 위험에 대한 면밀한 분석 없이 무모한 투자에 뛰어들었다가 파산에 이르는 경우가 비일비재합니다.

무모한 투자를 방지하기 위해 위의 과정을 진행할 때 중요한 규칙이 있습니다. 첫 번째 규칙은 재정 상황 분석이나 투자안 선택 시 반드시 부부가 함께 상의합니다. 그래야 왜곡된 의사결정을 막을 수 있습니다. 부부간에 대화와 조율을 통해 균형 있는 의사결정이 투자의 위험을 줄일 수 있습니다.

두 번째 규칙은 부부 둘이 적어가면서 상의하는 것입니다. 가

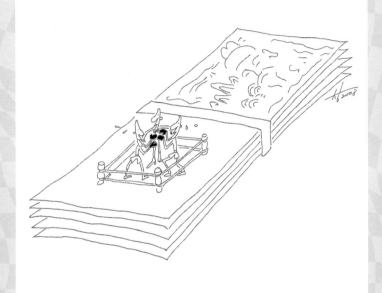

● ● ● ● ● ●

무모한 투자를 방지하기 위해 위의 과정을 진행할 때
중요한 규칙이 있습니다.
첫 번째 규칙은 재정 상황 분석이나 투자안 선택 시
반드시 부부가 함께 상의합니다.

정의 자산, 부채, 순자산, 가용자산, 투자목표, 투자안별 분석 자료 등의 금액과 수치들을 기록하면서 상의해야 합니다. 특히 투자목표 금액을 정확히 기록하여 결정하는 것이 중요합니다. 그래야 치우치지 않는 합리적인 의사결정이 이루어질 수 있습니다.

이러한 과정에서 우리는 큰 부자가 되기는 어려워도 행복한 부자의 모습을 꿈꾸면서, 지금부터 하루하루 실천해야 할 구체적인 사항들을 찾을 수 있습니다. 행복한 부자는 내가 필요한 시점에 필요한 만큼 돈이 준비되어서 빚을 지거나 꿈을 포기하지 않아도 되는 상태에 있는 사람입니다. 이를 위해서 체계적인 재무 설계가 필요하지요. 인생의 재무에 대한 계획표를 세우고 그대로 실천해간다면, 흔들림 없는 안정적인 재테크가 가능해져 행복한 부자의 길을 걸을 수 있습니다.

그러므로 일생 전체에 걸친 큰 그림인 수명주기 재정 계획 Life-time Financial Planning 을 그려나가는 것이 필요합니다. 세대별로 수입과 지출구조가 다르니 재무 계획과 자산관리에서 연령대별 특성을 반영해 보면 각각의 시기에 준비해야 할 일들이 다릅니다. 그러면 구체적으로 연령대별로 필요한 재무 계획이 무엇인지 살펴보도록 하겠습니다.

20~30대, 일생 전체의 큰 그림을 그린다

20대와 30대는 사회초년생입니다. 이 시기 재무 계획의 핵심은 인생의 전체적인 큰 그림을 그리는 것입니다.

1997년 외환위기 이후 취업의 문이 현격히 축소되었습니다. 과거 베이비붐 세대가 누리던 고도 성장기와는 달리 기업들의 채용 규모가 정체되어 있습니다. 더구나 코로나19 팬데믹과 경기 상황이 사회에 진출하는 MZ세대를 더욱 어렵게 합니다. 학교를 나서는 젊은이들의 가장 큰 과제가 높은 벽을 뚫고 직장에 진입하는 것입니다. 그런데 어렵게 취업해도 높은 전세금과 집값, 주거비용, 결혼 비용 등이 만만치 않지요. 열심히 저축해도 금리가 너무 낮아 돈을 모으기도 쉽지 않은 환경입니다.

분명 이처럼 어려운 상황이지만 사회초년생인 20대와 30대는 일생 전체를 아우르는 큰 그림을 미리 그리면서 준비하는 것이 중요합니다. 그것이 일생의 재무 계획의 시작입니다.

재무 계획의 1단계에서는 인생 설계, 즉 인생 전체에 걸친 큰 사건들과 여기에 필요한 자금들이 얼마인지 계산합니다. 결혼, 전셋집 준비, 출산, 자동차 구매, 자녀 양육 등 여러 재무적인 이벤트_{사건}들을 열거하고, 이를 대비하는 계획을 세워야 합니다. 가장 먼저 준비해야 할 것이 결혼자금과 주거자금을 모아가는 것입니다. 그러나 사회초년생들은 얼마만큼의 자금을 준비해야 할지 계산하기 쉽지 않지요. 일생의 중요한 재무적 이벤트에 필요한 자금 규모는 스스로 계산해 볼 수도 있고, 인터넷에 게재된 전문기관들의 추정치를 참고해도 좋습니다.

2단계에서는 소득과 지출을 정확히 파악하고, 주요한 재무적 이벤트에 필요한 자금을 조성하기 위한 저축과 지출통제 계획을 세우는 것입니다. 이때 잊지 말아야 할 것은 구체적으로 실행할 수 있는 계획을 세워야 한다는 것입니다. 가능한 정확한 수입과 지출 파악으로 매월 저축과 투자 금액을 추정하고 실천하는 것이 무엇보다 중요합니다.

예를 들어 결혼자금 중 전세자금을 이야기해 보겠습니다. 부모 도움 외에 3년 후 결혼을 위해 5,000만 원 정도 전세자금을 만들겠다는 계획을 세우고, 이를 위해 매월 얼마나 저축해야 하는지 계산해 보는 것입니다.

처음 사회생활을 하면 난생 처음으로 많은 금액을 손에 쥐게 되는데, 내가 번 내 돈인 만큼 여기저기 쓰고 싶은 유혹이 생깁니다. 할부로 멋진 새 차를 살까 고민하기도 하고, 고가의 명품을 사서 나 자신에게 선물하고 싶기도 합니다. 그러다 보면 들어온 월급이 남아 있을 새가 없지요. 이러한 위험을 막는 방법은 월급이 통장에 입금되는 순간 용도별로 통장을 분리하는 것입니다. 우선 급여통장에서 지출을 정확하게 판단하여 무리가 되지 않을 금액을 다른 생활비 통장으로 이체하고, 나머지 금액은 바로 저축합니다.

만약 신혼부부라면 배우자와 서로의 재무 상황을 솔직하게 나누는 것이 지혜로운 방법입니다. 요새 젊은 부부들은 서로 간의 재정에 대해 말하는 것을 터부시하는 경향이 있지만, 하나님은 부부가 재정에도 하나가 되기를 원하십니다. 앞에서 말한 바와 같이 투자이론에서도 부부가 함께 투자에 대해 논의하는 것이 위험한 투자를 예방하는 효과가 있다고 합니다. 부부싸움이 날 수도 있지만, 논쟁과 싸움의 과정을 통해 균형점에 도달하게 됩니다.

저는 투자의 필승전략은 쉽게 말씀드릴 수 없지만 필패 전략은 말씀드릴 수 있습니다. '아내 몰래 투자하여 대박을 터뜨려 서프라이징한 인생 역전을 해 보자'라는 아둔한 투자전략은 항상 필패합니다. 배우자 몰래 돈을 숨기고 혼자만 투자하는 경우는 거의 필패의 결과를 가져옵니다. 혼자만 생각하는 경우, 투자의 장단점을 제대로 판단하지 못하고 급하고 치우친 투자를 하게 되어 실패 확률이 높습니다. 그러므로 부부가 함께 투자성향, 저축 기간, 재무 이벤트의 중요도에 따라 적절한 저축과 투자계획을 수립하는 것이 매우 중요합니다.

모범적인 투자 방안 몇 가지를 소개하면 다음과 같습니다. 물론 절대적인 것은 아니니 참고하시기 바랍니다.

첫째, 저축을 최대한 늘리되, 안전한 저축과 위험이 있는 투자 비율을 7:3으로 합니다. 이 시기에는 지출을 통제하고, 인생 이벤트를 준비하는 돈을 마련할 수 있도록 순자산 금액을 늘리는 것이 중요합니다. 은행에 1년 정기적금에 가입하고, 투자수익을 극대화하기 위해 매월 일정한 금액씩 2~3개 우량주식을 골라 사는 주식저축을 하거나, 적립식펀드 형태의 ETF_{상장지수펀드}를 매수할 수 있습니다.

　매수 기간은 1년 이상으로 하면 되는데, 이렇게 하면 매 분기 배당금을 받거나 매도 시점에 주가 상승에 따른 시세차익을 얻을 수 있어서 적금보다 수익률이 높이 나타나는 것이 일반적입니다. 매월 주식을 일정액으로 조금씩 사기 때문에, 시기에 따라 비싸게 사기도 하고, 싸게 사기도 해서 원가평준화효과_{평균 매입 단가를 낮추는 효과}를 얻을 수 있습니다. 유례없는 초저금리 상황에서는 주식으로 저축하는 것이 효과적인 방법이지요.

　둘째, 내 집 마련의 첫걸음인 주택청약통장에 가입합니다. 내 집 마련은 청약통장 가입부터 시작됩니다. 주택청약종합저축 통장이 있어야 향후 임대주택이나 분양주택에 도전해 볼 수 있기 때문입니다. 청약통장은 가입 기간과 납부 금액이 중요하기 때문에 되도록 결혼 전부터 일찍 가입하고 자동 이체를 통하여 꾸준히 불입하는 것이 좋습니다. 배우자감을 고를 때 청약통장에 가입했는지 물어 보십시오. 그렇다면 재무적인 감각을 갖춘 배우자를 만날 수 있을 것입니다.

셋째, 의료비 등을 보장받을 수 있는 실손보험이나, 노후 준비를 위해 세제 혜택을 누릴 수 있는 연금저축 상품에 가입합니다. 이것은 장기 계획입니다. 다만 과도한 연금보험은 보험 사업비가 높을 수 있으므로 주의해야 합니다. 특별한 선택이 없다면 국민연금 가입이 무난합니다.

넷째, 자기 계발을 위한 자금을 준비합니다. 20~30대는 무한한 가능성이 있는 시기이니 자신을 업그레이드시키기 위한 투자가 필요합니다. 언어 공부, 체력 관리, 자격증 취득 등 자기 계발에 꾸준히 투자해야 발전할 수 있습니다. 이렇게 하려면 매월 소득의 5% 정도를 자기계발비용으로 지출하는 것도 지혜로운 방법이라 생각됩니다.

30대 중반 이후 가장 큰 어려움은 자녀 양육과 교육 문제입니다. 솔직히 20대 중반 이후부터 30대 초반까지는 사회생활에 적응하고 결혼생활에 익숙해지느라 재무 계획을 세워도 충동적인 구매나 지출이 생겨나서 큰돈을 모으기가 쉽지 않지요. 그러나 이 시기가 지나면 더 어려워지는 시기가 오기 때문에 이때 단단히 잡아야 합니다. 결혼 후 3년에서 5년 정도 시간이 흘러 30대 중반이 되면 당장 주거 문제, 자녀 양육과 교육 문제가 시작됩니다. 지출되는 돈은 많고, 전세금은 2년마다 늘어나서 대출까지 받아야 하는 상황이 닥칠 수도 있습니다.

그러므로 주택 마련과 자녀교육에 대한 구체적인 계획을 세우는 것이 중요합니다. 주택 마련 계획은 원하는 주택의 위치와 가격을 결정한 다음, 구매 시기와 대출 규모 등을 고려해 계획을 체계적으로 수립합니다. 그다음에는 저축할 수 있는 금액을 판단하고 이에 합당한 금융상품을 선택하여 돈을 모아 나가면 됩니다.

자녀교육자금 준비에 가장 큰 어려움은 아이들이 커갈수록 지출도 그만큼 많이 늘어난다는 사실입니다. 그러므로 미리미리 자녀교육비를 준비해야 합니다. 만약 그때를 대비하지 않으면 늘어난 지출에 당황하게 됩니다. 자녀교육비 준비는 일반적으로 아이 한 명당 매월 5~10만 원 정도 모아가는 것이 좋은데, 대체로 우량주식을 매월 매수하거나 어린이 전용 펀드에 가입해서 차근차근 준비하는 것이 좋습니다.

실제로 재무 상담을 해 보면, 그래도 돈을 모으기 가장 좋은 시기가 자녀가 초등학교에 들어가기 전까지입니다. 어느 정도 돈을 모을 여건도 되고, 여행을 다닐 정도로 돈을 준비할 수 있습니다. 그런데 자녀가 초등학교에 입학하면 학원비, 자녀 돌봄 비용, 자녀 양육 관련 비용 등으로 정신없이 돈이 나갑니다.

따라서 30대 중반 이후에는 지출을 합리적으로 통제해야 합니다. '합리적'인 소비란 단순히 일정 수준의 금액 규모나 비중으로 판단할 것이 아니라, 꼭 필요한 부분에 돈이 쓰이는지를 봐야 합니다. 카드를 긁기 전, 지갑을 열기 전, 이것이 꼭 필요한 소비인지, 계획된 지출인지를 따지는 일부터 시작합니다. 사실 돈을 모으는 비결은 들어오는 수입을 늘리기보다 나가는 지출을 틀어막는 것이 더 효과적입니다.

40~50대, 지출을 엄격하게 통제한다

40~50대에는 소득이 늘어나기도 하지만 지출도 늘기 때문에 지출을 엄격히 통제하는 것이 이 시기 재무 계획의 핵심입니다. 40~50대 가정의 주된 지출은 자녀들의 교육비입니다. 주택은 좀 더 나은 교육 환경을 마련하기 위해 진행되는 경우가 많으므로, 주택 구입도 교육과 무관하지 않습니다. 특히 40~50대는 그 어느 세대보다 교육열이 높아 자녀에게 좋은 교육 환경을 제공하기 위해 무리한 지출도 마다하지 않는 경향이 있으니 충동적인 의사결정이 되지 않도록 신중해야 합니다.

이때는 사회적으로 일정 수준 이상의 지위에 있다 보니 각종 경조사비나 품위 유지를 위한 사회적 비용 지출도 많아집니다. 앞에서 이야기한 '3교 경비', 즉 (사)교육비, 교제를 위한 경조금 및 외식비, 그리고 교통·통신비가 지출의 주범이기 때문에 이 지출을 집중적으로 점검하십시오. 자칫 방심하다가는 수입보다 지출의 증가 속도가 높아지기 때문에 재정적인 여유를 찾기 힘든 것이 현실입니다.

그러므로 40~50대에서는 지출에 대한 구조조정이 필요합니다. 불필요한 지출이 무엇인지 살펴보고, 필수적인 지출이 아니라면 과감히 조정하십시오. 가장 쉽게 할 수 있는 것이 보험에 대한 구조조정입니다. 주변 지인들의 부탁으로 한 건 한 건 가입하다 보험료 지출이 월 소득의 15% 수준에 이르는 경우를 흔하게 목격할 수 있습니다.

저축을 목적으로 공제상품이나 저축성 보험 등에 가입했는데, 수익률이 너무 낮은 등 잘못 가입한 금융상품 때문에 낭패를 겪는 분들도 많습니다. 따라서 저축과 투자상품과 보험을 꼼꼼히 점검하고 리모델링해서 합리적인 지출과 투자로 구조 조정하는 것이 필요합니다. 이렇게 함으로써 자녀교육자금과 주택자금, 노후 자금을 효율적으로 준비할 수 있습니다.

다른 한편으로 40~50대는 노후를 좀 더 세심하게 준비해야 합니다. 이때가 노후 준비를 할 수 있는 마지막 기간임을 명심하십시오. 장기적인 질병과 상해 보험을 합리적으로 준비하고, 퇴직연금에 관한 내용도 정확히 확인하며, 수익률을 개선하기 위해 적극적으로 행동해야 합니다.

퇴직연금 상품은 두 가지로 나눕니다. 이전에 퇴직금처럼 확정된 금액을 지급해주는 DB_{Defined Benefits, 확정급여}형과, 퇴직금 재원을 주식이나 채권 등에 투자하여 실적배당으로 늘려 지급하는

DC Defined Contribution, 투자수익 형으로 구분합니다.

지금처럼 저금리 시대에는 DB형의 퇴직금이 물가상승률에도 못 미치는 금액이 될 가능성이 큽니다. 따라서 DB형은 DC형으로 전환하는 것을 적극 검토할 필요가 있지요. 물론 DC형의 투자책임은 내가 지는 것입니다. 그러므로 DC형의 경우 손실 위험이 있으니 투자 포트폴리오가 정말 중요합니다.

DC형에 가입된 경우라면 펀드의 구체적인 구성 내용을 살펴야 합니다. 미국 주식이나 우량주 등을 중심으로 포트폴리오를 구성하여 장기적인 배당수익과 주가 상승에 따라 이익을 얻을 수 있도록 구성하는 것이 좋습니다. 그리고 40대부터 노후 준비 상품인 개인연금상품도 면밀하게 점검해서 투자수익이 어떻게 되는지 살펴보고, 펀드 변경, 추가납부 등의 적극적인 행동으로 노후 자금 증식에 나서야 합니다.

자녀교육자금은 고등학교 사교육비와 대학 학자금을 중심으로 준비합니다. 5~10년의 장기 계획을 세우고 준비해야 하는데, 적절한 투자형 상품을 선택하면 좋습니다. 대체로 주식형 펀드는 개별 종목이 아닌 업종별 지수를 따라가는 ETF 상장지수펀드를 활용하면, 변동 폭이 줄어들어 비교적 안정적인 수익을 낼 수 있습니다.

주택 관련 자금은 자녀들이 커가면서 주택의 확장을 생각하게 된다는 점을 염두에 두어야 합니다. 이 시기에는 자녀 수, 무주택기간, 청약저축 가입 기간 등에 따라 아파트청약에 당첨될 확률이 높아지기 때문에 중대형 평형 청약을 적극 고려할 필요가 있습니다. 여기에 자녀의 학교, 주거 안정성, 직장과의 거리 등을 따져 주택을 마련하거나 주택청약 전략을 수립하는 것이 좋습니다. 또한 계약금과 대출금액 등을 고려한 꼼꼼하고 철저한 주택 마련 또는 확장을 위한 자금조달계획이 뒷받침되어야 합니다.

60~70대, 자족하는 삶으로 재정과 관계를 설계한다

60대와 70대 재무 계획의 핵심은 은퇴 이후에도 매월 일정액의 수입이 발생하도록 자산구조를 만들어 놓는 것입니다. 60대 이후 신체적으로는 아직 문제가 없지만 사회로부터 은퇴를 강요받는 시기입니다. 은퇴했어도 평균 수명의 증가로 90세를 넘게 사는 경우가 일반적입니다. 따라서 수입은 줄어들었는데 30년 이상의 긴 노년을 보내야 하니 이에 대한 계획을 철저히 세울 필요가 있지요.

60대에 들어서면 이전과는 다른, 일생에 근본적인 의사결정을 해야 하는 시기입니다. 우선 자신의 재무구조를 면밀하게 검토해야 합니다. 긴 노년 기간에 매월 필요한 수입구조에 문제가

• • • • • •

이 모든 의사결정을 부부가 함께 적어가면서 마음을 모아 결정하십시오.
그러면 돈이 많지 않아도 부부가 함께 풍요롭고 평안한 삶을 사는
행복한 부자가 될 수 있을 것입니다.

없는지 살펴봐야 합니다. 그러기 위해 먼저 보유자산의 구성비를 살펴서 부동산에 편중되어 있지 않은지를 보고, 편중되었으면 재편성해야 합니다. 또한 매월 지출되는 내용을 면밀하게 살펴서 불필요한 지출이나 줄여도 상관없는 부분이 있다면 조정해야 합니다.

재무 문제에서 가장 중요한 것은 자족自足의 기준을 정하는 것입니다. 재무 상담을 하러 오셨던 60대 부부 두 가정이 생각납니다. 한 부부는 자산도 적잖게 있고 대기업 임원으로 퇴직한 터라 큰 어려움이 없는 분들인데, 매월 생활비로 150만 원 정도가 적당하다고 했습니다.

"부족하지 않으시겠어요?"

"그동안 많이 누렸으니 약간 부족한 듯 살아가는 것과, 다른 사람들과 나누는 것에 대해 오랫동안 생각해 왔어요. 기꺼이 감사하면서 살겠습니다."

5년 후 다시 만난 이 부부는 매일 감사하는 생활을 하고 있었고 기쁨이 넘쳐 보였습니다. 그 비결은 매월 어려운 사람들을 돕는 일에 있다며, 일정액을 남들에게 사용하니 자신들도 감사와 행복이 넘치는 삶을 살게 되더라고 말씀하셨습니다.

다른 60대 부부의 경우는 매월 생활비가 500만 원은 있어야 한다는 말씀으로 상담을 시작했습니다. 집 한 채와 많지 않은 현금 자산, 그리고 국민연금과 퇴직연금이 전부여서, 500만 원의 생활비를 충당하기 쉽지 않아 보였습니다. 몇 년 후 다시 만났을 때 집을 팔아 생활비를 조달해야 한다며, 너무 욕심내며 살았던 것 같다고 후회하셨습니다.

자족의 항목에는 집의 규모도 포함됩니다. 자녀들이 출가하면 집의 규모를 줄일 것인지, 좋은 지역에서 외곽으로 이사할 것인지 등을 검토해야 합니다. 집의 규모를 줄여서 여유자금을 마련하는 것을 적극 생각해 봐야 할 시기입니다. 재무적인 부분에서 적절한 자족의 수준을 정하는 것은 모든 연령대에서 다 중요하지만, 특히 60~70대에서 적절한 생활의 수준을 명확히 설정하는 것이 매우 중요합니다.

두 번째 중요한 것은 관계 설정입니다. 특히 자녀와의 관계가 중요하지요. '행복한 노후생활'이라는 주제로 대중 강의를 할 때마다 이런 이야기를 합니다.

"노후를 행복하게 살고 싶다면 자녀를 버려라."

우리나라 사람들의 정서에는 자식들에게 모든 것을 다 해 주고 싶은 마음이 아주 크게 자리하고 있습니다. 집도 사 주고, 결혼도 시켜 주고, 될 수 있는 한 유산도 많이 남겨 주고 싶은 마음이 너무나 큽니다. 그러나 그 때문에 자녀들은 독립심이 떨어지고, 부부의 노후생활은 그리 행복하지 못한 경우가 많은 것이 문제입니다. 실제로 자녀들은 결혼하면 부모에 대한 태도도 배우자의 영향을 받습니다. 결혼 전이나 신혼 시절 자녀들을 위해

아낌없이 희생했는데, 이제 먹고살 만하니 부모를 소홀히 한다며 자녀에게 배신감을 느끼는 60~70대들의 고백을 많이 들었습니다.

그러니 자녀들과 관계를 잘 설정해서 경제적인 지원 한도를 정하는 것이 필요합니다. 여러 자녀가 있는 경우는 증여 내용을 모든 자녀에게 투명하게 공개하고 합의하는 것이 좋습니다. 증여 이후 부모에게 일정한 헌신과 도움을 명시한 소위 '효도 계약'을 하는 가정도 있습니다. 이것이 자녀의 삶에도, 부부의 노후 생활에도 중요한 의사결정 기준이 되고, 자유로운 재무구조를 만들 수 있습니다.

자녀들에게 1차 증여도 이 시기에 고려할 수 있습니다. 현행 세법에 따르면 증여세율이 성인 자녀에게 5천만 원까지 비과세가 되고, 추가 1억 원까지는 10%, 추가 5억 원까지는 20%입니다. 그 이상이 되면 30%를 넘어서기 때문에 부담이 됩니다. 비과세 한도와 금액은 10년 단위로 계산합니다. 따라서 자산에 여유가 있고, 자녀에게 증여를 원한다면 60대에 한 번 증여하고, 10년 후 다시 고려하면 됩니다.

결혼한 자녀의 경우에는 그 배우자에게 나누어 증여하는 것도 증여세를 절약하는 방법입니다. 물론 본인의 노후 준비 자금을 신중하게 검토하고 이를 충당할 수 있는 준비금을 제외한 남은 금액으로 하는 것이 좋습니다. 무리하게 증여하고 이후 궁핍해져서 자녀들과 갈등을 일으킨다면 하지 않은 것만 못합니다.

또 다른 관계 설정은 친구 관계입니다. 이전에는 업무와 사업상 친구들과 관계를 맺고 살았다면, 이제는 삶의 철학을 공유할 수 있는 친구들과 어울려야 합니다. 불필요한 지출을 통제하려면 어떤 친구를 만나느냐가 중요하기 때문이지요. 불필요한 만남으로 시간 낭비 등의 소모적인 부분을 줄이는 것이 필요합니다. 가치관과 신앙이 통하고 소비 수준도 유사한 친구를 만나 서로 격려하며 동행하는 것이 좋습니다.

세 번째 중요한 것은 할 일을 찾는 것입니다. 돈을 버는 일뿐만 아니라 사회에 봉사하는 의미 있는 활동이면 더욱 좋습니다. 적극적으로 취미생활에 집중하는 것도 좋지요. 나이 들어 할 일이 없거나, 좋아하는 일에 적극적으로 활동하지 않으면 빨리 늙고 병약해집니다. 할 일을 찾아서 매일 규칙적인 생활을 한다면 삶에 대한 의욕과 감사가 넘치게 됩니다. 이전에 하고 싶었는데 바빠서 못했던 취미생활을 적극적으로 해 보는 것도 또 다른 삶의 만족을 경험하게 할 것입니다.

60~70대 노후는 재무적인 부분과 비재무적인 부분이 결합한 상태입니다. 재무적인 면과 비재무적인 정서적인 면을 함께 고려하고 적극 실행해야 행복한 노후생활을 보낼 수 있습니다.

마지막으로 노후 의료비를 점검하고 부족한 부분을 보충하는 것이 중요합니다. 나이 들면 신체적으로 문제가 생기고, 아프거나 다치는 경우가 많이 발생합니다. 따라서 이를 위한 준비가 잘 되어 있어야 합니다. 매년 건강검진을 받고, 질병이나 상해 보험을 준비하는 것이 필요합니다. 특히 나이 들어 발생할 수 있는 치매에 대한 보험을 준비하는 것도 중요하다고 할 수 있습니다.

행복한 부자의 길

요즘 젊은이들 사이에 투자로 대박을 내는 것이 트렌드라고 합니다. 주식이든 부동산이든 가상화폐든 투자해서 대박을 내는 사람이 부러움의 대상입니다. 그러고는 나에게도 그런 행운이 왔으면 좋겠다는 생각에 주식시장과 가상화폐 시장에 큰 준비 없이 뛰어들고 있습니다. 심지어 부부들이 부동산을 사야 하는 시기를 놓쳤다고 싸우기까지 합니다. 지금은 거의 모두가 투자 대박을 노리는 세상이라고 해도 과언이 아닙니다.

우리는 세속적인 세계관이 지배하는 위험한 투자시장 한가운데 살고 있습니다. 그러나 세상의 풍조와 유행을 따라 일생의 재무 문제를 해결하려 한다면, 대박을 노리다가 불나방처럼 큰 위기를 맞이할 것입니다. 설사 재무적으로 성공하더라도 중심을 잡지 못하면 내가 돈을 지배하는 것이 아니라 돈이 나를 지배하는 불행한 인생이 될 것입니다.

우리가 돈을 벌려고 하는 목적이 무엇입니까? 많은 이들이 평안한 삶을 위해 돈이 필요하다고 생각합니다. 맞습니다. 돈이 부족하면 삶에서 어려움을 겪을 수 있습니다. 그러나 돈을 많이 번다고 평안함이 자동으로 찾아오지 않습니다. 벼락부자가 되어 거액을 거머쥔 사람들이 대부분 이전보다 행복도도 떨어지고 오히려 더 궁핍해지는 경우가 많았습니다.

"가산이 적어도 여호와를 경외하는 것이 크게 부하고 번뇌하는 것보다 나으니라"(잠 15:16)

하나님의 말씀을 명심하십시오. 우리가 대박을 터뜨린다고 해도, 우리 삶이 번뇌하고 외롭다면 무슨 유익이 있겠습니까? 지금과 같은 혼란스러운 투자 환경에서 어떠한 방식의 투자가 우리 삶을 풍요롭게 하고 진정으로 평안하게 하는지 신중하게 판단하십시오.

이제 자신의 상황을 살피고, 자신의 인생 가치관에 맞는 구체적인 기준과 계획을 세우고, 돈을 모으고 불리고 지키고 나누는 일을 하나하나 착실하게 실천해 나가야 합니다. 착실하게 준비하는 재무 계획과 실행이, 대박을 노리고 투자에 몰입하는 것보다 성공확률도 높고 훨씬 안정적입니다. 자신의 나이에 맞는 계획을 하나씩 실행해 가면, 자신이 필요로 하는 시기에 꼭 필요한 만큼의 돈을 준비할 수 있게 될 것입니다.

돈은 우리의 행복을 위해 존재하는 것입니다. 그러나 돈에 대한 지나친 집착과 불안감은 우리 삶을 황폐하게 합니다. 주위의 세속적인 풍조에 부화뇌동하지 마십시오.

돈에 대한 염려에서 벗어나서 행복한 부자가 되기 위해 본 장에서 제시했던 실제적인 조언을 요약하면 다음과 같습니다.

우선 나에게 적절한 재정 수준을 설정하고, 이에 필요한 투자목표를 설정하십시오.

다음으로 우리 가정의 수입과 지출, 재정 현황, 가용자금을 객관적으로 파악하십시오. 가용자금을 이용하여 적절한 투자안을 선택하십시오. 투자안은 위험과 수익을 비교하고, 나의 투자원칙에 합당한 선택을 해야 합니다. 선택한 투자안으로 당초 설정한 투자목표를 달성할 수 없다면 투자목표를 낮추든지, 좀 더 위험한 투자안으로 변경해야 합니다.

인생에서 재정적인 면과 비재정적인 면이 균형을 이루도록 하십시오.

이 모든 의사결정을 부부가 함께 적어가면서 마음을 모아 결정하십시오. 그러면 돈이 많지 않아도 부부가 함께 풍요롭고 평안한 삶을 사는 행복한 부자가 될 수 있을 것입니다.

1. 이 장에서 가장 기억에 남는 부분은 무엇인가요?

2. 우리 집에서 가장 먼저 줄여야 할 소비 항목은 무엇인가요?

3. 우리 집 자산 항목 중에서 가장 먼저 리모델링할 항목이 무엇인가요?

4. 세대별 재무 관리를 정리해 봅시다. 자신에게 해당하는 세대에서 내가 준비하고 실천해야 할 사항은 무엇인지 나누어 봅시다.
   - 20~30대 :
   - 40~50대 :
   - 60~70대 :

   - 지금 내가 실천할 사항 :

5. 나는 자산을 잘 관리하고 있나요? 지금 꼭 실천해 보고 싶은 부분은 무엇인가요?

6. 우리 집 재정 계획을 위해 도움 받을 수 있는 전문가나 기관이 어디 있는지 찾아봅시다.

7. 이번 주에 실천해야 할 경제적 의사결정은 무엇인지 구체적으로 써 봅시다.

07

영적 평안의 길

재물에 대한 바른 태도

은퇴 시기에 있는 학교 동창들을 만나면 돈에 관한 이야기가 단골 메뉴입니다. 노후의 편안한 삶을 대비해야 한다는 거지요. 노후에 이 정도의 삶을 살아야 하지 않겠냐고들 합니다.

"일주일에 한 번은 골프를 칠 수 있어야 한다."

"일주일에 한 번 친구들과 술 한잔은 할 수 있어야 한다."

"일주일에 한 번은 가족들과 근사한 레스토랑에서 외식을 할 수 있어야 한다."

물론 신앙생활을 하지 않는 평범한 친구들 이야기입니다. 그런데 이 정도로 살려면 웬만큼 돈을 모으지 않고서는 쉽지 않습니다. 그래서 무리하다가 실수하는 친구들도 생깁니다. 돈 문제가 생기는 거지요.

맨 처음 1장에서 말씀드렸듯이 돈 문제는 돈을 많이 번다고 해결되지 않습니다. 돈에 대한 바른 태도를 가져야만 근본적으로 해결됩니다. 그러면 바른 태도란 어떤 태도를 말할까요?

이를 요약하면 세 단어로 이야기할 수 있습니다. 관리, 지족_{知足}, 의존입니다.

첫째, 물질을 지혜롭게 관리해 걱정이 없게 하셔야 합니다. 돈은 우리 인생에서 중요한 것 중의 하나입니다. 그러므로 돈의 유용성, 위험성, 한계에 대해 정확히 알고 이를 체계적으로 관리해야 합니다. 이 책에서 말씀드린 이야기의 대부분이 물질의 역할과 관리에 관한 내용입니다.

둘째, 욕망을 낮추는 것입니다. 물질에 대해서는 "먹을 것과 입을 것이 있은즉 족한 줄로"(딤전 6:8) 아는 자세가 기본입니다. 족한 줄 알고 만족하는 자세를 지족_{知足, Contentment}이라고 합니다. 성경에는 "자족하는 마음이 있으면 경건은 큰 이익이 되느니라"(딤전 6:6)고 말씀합니다. 이 말씀을 다시 해석하면 자족하는 마음이 없으면 경건이 이익이 되지 못한다는 의미입니다. 그렇기에 성경에도 말씀이 자라는 데 장애물이 '우리 삶의 염려와 재물과 향락'이라고 말씀하신 바 있습니다(눅 8:14). 따라서 우리가 불필요한 욕망에 매여 있지 않은지 늘 민감해야 합니다.

나이 들어 골프를 꼭 쳐야 할까요? 재정적 여유가 충분하다면 모를까 그렇지 않다면 등산이 더 유익할 수도 있습니다. 내가 유지할 수 있는 적절한 재정 수준에 맞게 산다면 행복도가 훨씬 높아질 수 있습니다. 제가 아는 어느 교수님은 퇴직금으로 산에 땅을 사서 수련원을 운영하고 계십니다. 수련원 수입은 적지만 늘 젊은이들을 상대하면서 살고, 텃밭에 채소를 가꾸어 먹으니 더욱 건강하시다고 합니다.

마지막으로 하나님께 전적으로 의존 Radical Dependence 하는 것입니다. 하나님은 신실한 성도들을 먹이시고 입히십니다. 재물이 부족해도 불안해하기보다 공급하시는 하나님을 의지하는 믿음으로 신실한 삶을 영위하는 것입니다.

행복을 높이는 방법

많은 사람들이 행복을 추구합니다. 행복을 느낄 방법은 무엇일까요? 앞서 여러 번 언급했던 폴 사무엘슨 교수의 공식, 즉 "행복=소비÷욕망"을 다시 살펴봅시다.

분자를 보도록 하지요. 과자를 하나 먹는 것보다 둘을 먹으면 좀 더 행복해집니다. 과자도 더 비싼 고급 과자를 먹으면 행복도가 올라갑니다. 분모를 볼까요? 욕망이 지나치면 행복하지 않고, 욕망을 절제하면 행복도가 올라갑니다. 그러므로 행복을 높이기 위해 소비를 높이든지 욕망을 절제시켜야 합니다. 그래서 사무엘슨 교수는 소비는 경제학의 영역이고, 욕망은 종교의 영역이라고 했습니다.

그런데 소비는 지출을 수반하기 때문에 무한정 늘릴 수가 없

● ● ● ● ● ●

돈 문제는 돈을 많이 번다고 해결되지 않습니다.
돈에 대한 바른 태도를 가져야만 근본적으로 해결됩니다.

습니다. 다시 생각해 볼 것은 행복이 소비에서만 오는가 하는 것입니다. 돈 들지 않는 행복도 있습니다. 꽃 가꾸기, 등산 등 건전한 취미활동을 통해 큰 행복을 느낄 수 있습니다. 물론 돈 드는 행복도 있지요. 그러나 구제, 자선, 봉사 활동 등 남에게 베푸는 즐거움은 돈으로 사는 소비의 행복을 넘어서는 더 큰 행복을 줍니다.

일상에서도 많은 행복을 느낄 수 있습니다. 사춘기 아이들에게 들볶이고, 성적 때문에 걱정하고, 돈 걱정하고, 부모님, 친척들 대소사로 분주하고……, 엄청 피곤하지요? 이런 것들도 마음만 돌려 생각하면 행복임을 깨닫게 됩니다. 다만 아이러니한 것은 아이들이 떠난 후, 부모님을 보내드린 후에 그것이 정말 행복이었다는 것을 깨닫게 된다는 것입니다.

우리나라 텔레비전에서 가장 오래 방영된 드라마가 〈전원일기〉입니다. 미국에도 동명 소설을 드라마화한 〈초원의 집〉이라는 작품이 있었지요. 두 작품의 특징은 별다른 사건 없이 가족 간에, 이웃 간에 아웅다웅 살아가는 모습을 그린 것입니다. 소설 《초원의 집》Little House On The Prairie을 집필한 작가 로라 잉걸스 와일더Laura Ingalls Wilder 는 예순을 훌쩍 넘긴 후에 이 작품을 썼습니다. 그녀가 이 소설을 쓴 것은 식구들끼리 지지고 볶고 사는 것이 행복이라는 것을 깨닫고 난 후였다고 합니다. 마음만 돌려 생각하면 오늘 고달픈 일상이 행복임을 깨닫게 됩니다. 고단한 삶에서의 일상을 오히려 기쁜 행복으로 누릴 수 있습니다.

하나님께 초점을 맞추는 단순성의 삶

리처드 포스터Richard Foster는 "네 보물이 있는 그 곳에는 네 마음도 있느니라"(마 6:21)라는 말씀에 근거하여 무엇을 보물로 삼든 그것이 우리 삶 전체를 지배한다고 말합니다. 돈은 우리 삶에서 중요하기 때문에 잘못하면 돈이 우리 삶을 지배하게 될 위험성이 있음을 경고합니다.

예수님은 우리의 내면이 돈이 아니라 그리스도와 그의 나라라는 단 하나의 보물에 초점을 맞추어야 한다고 말씀하십니다.

"눈은 몸의 등불이니 그러므로 네 눈이 성하면 온 몸이 밝을 것이요"(마 6:22)

"네 몸의 등불은 눈이라 네 눈이 성하면 온 몸이 밝을 것이요"(눅 11:34상)

여기서 성한 눈single eye이란 단일 초점의 눈을 의미하는데, 그 의미가 너무 풍성하여 한두 마디로 해석하기 어렵지만, 하나님을 향해 초점이 맞추어진 삶을 말합니다. 우리의 모든 삶이 하나님께 초점을 맞출 때, 우리 삶 전체가 밝을 것full of light이라 말씀하신 것이지요.

이에 반대되는 단어가 두 마음Double minded입니다. 이는 야

고보서와 시편에 '두 마음을 품은 자'로 표현되어 있습니다. 우리가 하나님과 재물 사이에 양다리를 걸치고 어정쩡하게 있는 상태를 의미합니다. "한 사람이 두 주인을 섬기지 못할 것"(마 6:24상)이라는 예수님의 선언을 망각한 것입니다. 우리가 하나님께 우리 자신을 집중시킬 때, 비로소 돈보다 먼저 그의 나라와 의를 구할 수 있으며, 또 우리의 온몸이 밝게 될 것입니다.

리처드 포스터는 이러한 삶의 태도를 단순성 Simplicity 이라고 합니다. 그는 《단순성의 자유》 Freedom of Simplicity 라는 책에서 이렇게 말합니다.

예수 그리스도와 신약의 모든 기자들은 맘몬의 욕심을 깨뜨리고 기쁨의 신뢰 joyful trust 속에 살라고 우리를 권면한다. 부에 대한 그들의 철저한 비판은 무조건적인 후한 나눔의 영과 융화를 이룬다. 그들이 우리에게 보여준 생활 방식은 우리의 모든 소유를 선물로 받는 삶, 우리의 모든 소유를 하나님이 책임져 주시는 삶, 우리 모든 소유를 옳고 선한 대로 남에게 나누어 주는 삶이다. 이것이 기독교적 단순성의 골격이다. 그것은 두려움과 탐욕의 세력을 이기고 옳은 길을 가게 하는 해방과 능력의 통로이다.

재물이 아니라 하나님과 그의 나라에 초점을 맞추어 사는 삶, 이러한 단순성의 삶에서 우리의 온 삶이 밝게 된다는 뜻입니다.

진정한 평안을 누리는 능력 있는 삶

그리스도를 온전히 신뢰하는 그리스도인은 상황에 흔들리지 않습니다. 사도 바울은 이렇게 선언합니다.

"내게 능력 주시는 자 안에서 내가 모든 것을 할 수 있느니라"(빌 4:13)

많은 분들이 즐거이 암송하는 구절이지요. 그런데 교회를 다닌다고 해서 누구나 능력이 생기지는 않습니다. 이것이 제 젊은 시절의 고민이었습니다. 예수 믿는다고 교회는 나갔는데, 능력 있는 삶이 나타나지 않는 것입니다. 어떻게 하면 이러한 능력자가 될 수 있을까요? 그 비결이 바로 앞 구절에 나옵니다.

"나는 비천에 처할 줄도 알고 풍부에 처할 줄도 알아 모든 일 곧 배부름과 배고픔과 풍부와 궁핍에도 처할 줄 아는 일체의 비결을 배웠노라"(빌 4:12)

그렇습니다. 사도 바울은 비천에 처하든지 풍부에 처하든지, 오직 예수님께 초점을 맞춘 삶을 살았습니다. 우리는 가난해지면 하나님을 원망하고, 부유해지면 교만해질 위험성이 있습니다. 그러나 바울은 비천하거나 풍부하거나 어떤 상황에서든지 기쁨을 잃지 않았고, 배부름과 배고픔, 풍부와 궁핍에도 항상 감사할 수 있는 일체의 비결을 배웠습니다.

어떤 상황에서든 하나님께 초점을 맞추어 살 수 있을 때, 능력 있는 삶이 가능해진다는 것을 저는 늦게 배웠습니다. 어떤 상황에 처하든 하나님 안에서 자족하는 삶, 이것이 진정한 복 받은 삶입니다. 이것이 예수께서 우리에게 주신 평안입니다(요 14:27).

재물은 우리에게 편안함 comfortable 은 주지만 평안 peace 은 주지 못합니다. 재물이 일시적인 편안함만을 주는 반면, 하나님의 평안은 이 땅에서뿐만 아니라 저세상에까지 미치는 영원한 평안입니다. 이때는 행복 Happiness 을 넘어서, 진정한 기쁨 Joy 을 누리게 됩니다.

"주께서 내 마음에 두신 기쁨은 그들의 곡식과 새 포도주가 풍성할 때보다 더하니이다"(시 4:7)

하늘나라에 보물을 쌓는 삶

마지막으로 디모데전서 말씀을 보면서 책을 마무리하고자 합니다.

"네가 이 세대에서 부한 자들을 명하여 마음을 높이지 말고 정함이 없는 재물에 소망을 두지 말고 오직 우리에게 모든 것을 후히 주사 누리게 하시는 하나님께 두며 선을 행하고 선한 사업을 많이 하고 나누어 주기를 좋아하며 너그러운 자가 되게 하라 이것이 장래에 자기를 위하여 좋은 터를 쌓아 참된 생명을 취하는 것이니라"(딤전 6:17~19)

이 말씀을 나누어 살펴봅시다.

"네가 이 세대에 부한 자들을 명하여 마음을 높이지 말고"

이 말씀이 모든 사람을 향한 것이긴 하지만, 부자일수록 물질에 대한 바른 견해를 가져야 하기에 먼저 부르신 것입니다. 부자들은 자신의 부가 하나님께서 주신 것인 줄 알고 교만하지 말라고 하십니다.

"정함이 없는 재물에 소망을 두지 말고"

재물은 허무하게 흘러 나갈 수 있으니, 물질을 삶의 목적으로 사는 것은 어리석음을 말씀합니다. 그러면 어디에 목적을 두어야 할까요?

"오직 우리에게 모든 것을 후히 주사 누리게 하시는 하나님께 두며"

그렇습니다. 하나님께 소망을 두어야 합니다. 하나님이 물질을 포함한 모든 복을 주시는 분이시기 때문입니다. 그러면 재물에 소망을 두지 않고 하나님께 두는 삶이 어떠한 삶일까요? 다음 구절에서 구체적으로 알려 줍니다.

"선을 행하고 선한 사업을 많이 하고 나누어 주기를 좋아하며 너그러운 자가 되게 하라"

우리가 가진 재능과 물질을 선한 사업, 즉 하나님이 원하시는 용도인 전도, 선교, 구제에 사용하라고 하십니다. 서로 물질을 자발적으로 유무상통하던 초대 교회의 모습을 떠올리는 말씀입니다. 이처럼 하나님이 주신 물질을 하나님의 사업에 사용하는 것이 물질에 소망을 두지 않고 하나님께 두는 삶의 증거가 됩니다.

"이것이 장래에 자기를 위하여 좋은 터를 쌓아 참된 생명을 취하는 것이니라"

선한 사업에 임할 때 부한 사람이 장래에 받을 상급을 말씀합니다. 말씀대로 재물을 사용하면 이것이 보물을 하늘에 쌓아두는 것입니다(마 6:20). 우리가 보물을 하늘에 쌓아 두면 우리 마음도 하늘을 향하기에 하나님의 나라를 바라는 신실한 삶을 살게 될 것입니다.

1. 이 책을 읽으며 가장 크게 느낀 점이 무엇인지 나누어 봅시다.

2. 재물에 대한 바른 태도를 지칭하는 세 단어인 관리, 지족, 의존 중에서 내가 좀 더 노력해야 할 부분은 무엇인가요?

3. 우리의 행복 수준을 높일 수 있는 다양한 방법을 생각하고 나누어 보세요.

4. 디모데전서 6장 17~19절을 아래와 같이 구분하여 읽고 나에게 하시는 말씀이라고 볼 때, 깨닫는 바를 나누어 봅시다.

네가 이 세대에서 부한 자들을 명하여 마음을 높이지 말고
정함이 없는 재물에 소망을 두지 말고 오직 우리에게 모든 것을 후히 주사 누리게 하시는 하나님께 두며
선을 행하고 선한 사업을 많이 하고 나누어 주기를 좋아하며 너그러운 자가 되게 하라
이것이 장래에 자기를 위하여 좋은 터를 쌓아 참된 생명을 취하는 것이니라

5. 이 책에서 깨달은 것과 실천할 사항들을 구체적으로 적어 보고, 결단한 사항 한 가지를 나누어 봅시다.

6. 이번 주에 실천해야 할 경제적 의사결정은 무엇인지 구체적으로 써 봅시다.